当人们在棺材边俯身看去时，看到的是一张瘦削、苍白、微微泛青的面孔，毫无疑问，这就是死亡的面孔，它是如此僵硬，如此平常，我不禁好奇，为何死神、电影明星、唱游艺人、流亡的女王和被放逐的国王，都要有身体、面孔和双手。他们的魅力来自人类自身以外的事物，莎拉·伯恩哈特就算是一个安全火柴盒的样子，也不会打消农妇们挤在车厢前想要看她一眼的热情。

——让·热内，《葬仪》

目 录

导言：遇见"安迪纸袋"   1

之前

1. 创伤   2
2. 猫咪天堂   24

六十年代

3. 银幕   52
4. 折磨   98
5. 决裂   150

之后

6. 阴影 188
7. 濒危物种 229

后记 268

导言:遇见"安迪纸袋"

"言语"困扰着安迪·沃霍尔(Andy Warhol),让他备感挫折,虽然他也有如神助般地写了许多书,而且有一种人人都能辨识的语言风格。之所以人人都能辨识,是因为他的这种语言风格已成为美利坚合众国的声音——空洞,磕巴,夹杂着呼吸声,就像杰奎琳·肯尼迪或玛丽莲·梦露的声音一样(也正是她们沉默的面孔让他声名大振①)。安迪不信任语言;他不理解语法如何在线性的时间里,而不是在非时间性的猛烈爆发中一段段展开。他同我们一样,逐渐经历从生到死;同时他又通过图像,谋划着如何消磨时间,戏弄时间,重新安排时间。

在其职业生涯的初期,他尝试以"安迪纸袋"(Andy Paperbag)为绰号——因为他惯于把画装在一个纸袋里随

---

① 安迪·沃霍尔的代表作即梦露和杰奎琳的丝网印刷肖像。——译者注。如无特别说明,本书脚注均为译者注。

身携带。当我试图重构他的人生时，我设想自己与他进行着一次交谈，以"安迪纸袋"之名问候他——安迪，一个"流浪女"，头罩厚纸袋，掩藏他所厌恶的五官；安迪，将整个世界的废弃物塞进这一个个破烂而愁苦悲伤的容器中。

"安迪纸袋"不想在言语或时间面前畏缩自贬。然而作为阐释者，我必须让他屈从这两个方面。为一个假装从不剪辑或压缩的人写简介，是一个悖论。在安迪的职业生涯里，作为艺术家和行动派，作为策展人和搅局者，他的每一次努力所带给公众的都比他们所预期的多得多。他过世后，给他那些疯狂的遗孀留下堆积如山的资料——电影、音像、画作、照片、印刷品、素描、磁带、书籍——供她们整理并领悟；档案学家和学者则要花上数十年的时间来拆箱、保护、分析、推销、争论这一派狼藉之物。他留给我们太多的猜想、太多的图像，恐怕只有疯子或受虐狂才会想全部吸收它们。他的世界拥挤不堪，令人窒息——塞满了人、艺术品、收藏品、废旧物——以至每次都让去他家拜访的人因过度的刺激而精疲力竭：随时都有"短路"的可能。与安迪相比，其他那些让人精疲力竭的现代人物（毕加索、斯坦因、普鲁

斯特)都是井井有条的微型画画家。

安迪的自我——他的纸袋——有一种奇特的形状、颜色,以及一种奇特的一致性。它光滑、有弹性,惯于将自己与其他袋子混淆,那些女式的、男式的、老气的、幼稚的袋子。它具有一种控制力:通过复制,征服一切所见。它无视所有其他人温顺、循规蹈矩的行为观。

安迪·沃霍尔的故事,就是他的朋友、代理人和合伙人的故事。讲述他的人生时,关于他本人根本无须赘言,因为他总想让自己隐藏于身边的人群之中。他有一种独特的待人之道,好像他们是他自己警惕的阿米巴虫的化身。实际上,他的朋友或合作者常常发现自己被抹去了——被摧毁殆尽,从历史记载中勾掉,他们的署名被遮盖,他们的经验被吸纳进安迪的文集。替安迪工作,意味着失掉自己的名字。内森·格卢克(Nathan Gluck),自20世纪50年代起成为安迪最重要的助手,经常替老板签名——当然是在安迪的母亲——茱莉亚·沃霍尔(Julia Warhol)——不愿代劳的时候。安迪喜欢将体现自己存在的任务托付他人。

安迪圈子里的人,有些被抹掉了,另一些则因为与这位有着白化病般苍白肤色的传奇教母之间的联系而变

得生气勃勃、充满魅力，甚至于不朽——他将珍贵的金粉撒向他们的额头。还有些人则不过是乱糟糟的实验材料，以其喧闹和华丽的服饰，填充着安迪空白的画布、银幕、页面。他需要合伙人；每一次艺术活动或社会活动，他都霸道地把其他人当作工具或是缓冲器来使用。他作品的主题主要是争吵中的人际操控和社交模块；没有同谋供他指使、供他掩藏，就没有他的艺术。我采访过许多认识安迪或与他共事过的人，他们似乎都被这种经历伤害过。或者如我所料，在安迪找到他们之前，他们就已经有创伤。然而，安迪具有一种让光线照进废墟的能力——使之可见，可闻，而且变得壮丽。他没有刻意伤害别人，但是他的出现本身就造就了创伤剧场的舞台。在他的周围，痛苦极少直接从加害者引向受害者；创伤是他周围的人都能呼吸到的空气，没有始作俑者。借用一个宗教的说法——这在安迪的例子中通常很管用：他知道世人已经堕落。与安迪站在一起，他们显得更加沉沦，即便安迪的亲近——他的认可，他借去又还回的灵感——会给他们带来一时的荣耀。

　　安迪的同伴，尽管也对他忠诚、迷恋，甚至会移情于他，但似乎没有人全心全意爱过他。或许"爱"是个

模糊、煽情的词,但是不用它就无法衡量人生。当我读到1968年6月他收到的那些来信(那时他正在医院疗养枪伤),我首次感觉到那包围着他的无爱的真空——那是一种空白,安迪自己造成了这空白,同时他也是这空白的受害者。(这些信与他的其他文稿一起保存在匹兹堡的安迪·沃霍尔档案馆。)若是我受了重伤,我会很想得到温暖的关怀。然而即使他的朋友,似乎也将他想象为一个因洪水而暂时关闭的银行,外面聚集了大量群情激愤的客户。安迪有朋友,许多朋友也说他们爱安迪,但是没有人(也许唯有他的母亲是个例外)能照顾他(写到这里,我很伤感——这个庸俗薄情之地!尽管安迪是出了名的冷漠,而且憎恶世俗,但他毕竟居住于此)。明星往往被孤立。身为明星,安迪不能享受人与人之间正常的互动关系,他像是一个幽闭症患者,又如一只关在笼中的宠物。被人抛弃于他是家常便饭;他饱尝了一个怪人被污辱、被拒绝、被厌恶的滋味。即使他获得的世界影响力也无法克服这挫折感。实际上,他的创伤在增加。尽管20世纪60年代初期,作为波普艺术家而成名给他带来了洗刷不掉却令他满意的恶名;但是随后艺术光环的衰退,加之个人生活上的种种变故,强化了他遭人厌恨

的基本体验,也注定了他将带着"我从未属于这个世界"的信念离开人世——他于1987年意外去世。

安迪设法获取的一个"主矿"是金钱。对金钱的热切支配着他的工作习惯和审美,而这也招致了批评界的指责,说他的艺术放弃了道德的维度,是堕落的。与大多数艺术家相比,安迪没有隐藏他对财富的渴望;这种渴望从程序和主题方面驱动着他的创作。

艺术,对于安迪而言,不仅仅是一种赚钱的手段。它还是性爱的一种方式。"升华"(sublimation)一词就恰巧还原了这类现象——暗示性才是核心,艺术不过是次一级的副产品。弗洛伊德断言,升华推动文明;在这个意义上,安迪——有时候人们认为他是个幼稚的艺术家——凭他对文明的集中体现让我们眼前一亮,因为他将所有的冲动、性欲和其他东西导入了艺术作品中。然而,升华无法解释他的方法。安迪没有升华性欲,而是简单地扩展其管辖权,让它支配每一个进程、每一次消遣。对安迪来说,一切都与性有关。沉思也罢,运动也罢,静止也罢,都有性。观看与被看同样有性。时间也一样与性有关:这也就是为什么必须阻止时间。安迪的艺术就是"性感化"的身体,而他实际的身体其实是拒绝"性感

化"的。

安迪经常被称为"窥淫癖者"(voyeur)。但是这个词让我犹豫不决，我不愿把它用到安迪身上——那就像把一个"红字"强加到安迪身上①。把他的审美趣味和情色趣味说成"窥淫癖"是一种贬损：它预设了色欲中的尊卑之序，而忽视了凝视的双向性，即观者和被观者之间的甜蜜互动。"窥淫癖者"一词实是对"看/视觉"的侮辱，声称"看/视觉"是个小站，只供小憩的简陋停靠点而已。

无论窥淫与否，总之安迪在害羞与妄为两个极端之间徘徊不定，左右为难。事实上，像他周围那伙人一样，他既想炫耀又想隐藏。他寻找、接近那些在长篇大论的独白中，在主动性行为中表演、宣扬其性事的人。对某些观察者来说，安迪看上去安静、被动、僵硬——仿佛他是在抑制自己真实的个性；而另一方面，他又（通过同伙的协调）玩着过度展露的把戏。在采访安迪身边友人时，我发现他们身上总有缺乏自信与过度张扬两种截然不同的品质，于是我猜想这种双重属性正反映了安迪自身的性格。一位接受我采访的原"工厂"成员——他避

---

① 原指小说《红字》中女主角海斯特被迫穿上标有"A"（指通奸，即adultery）的衣服，此处代指受到恶意诬名。

开了我涉及安迪性爱情况的问题——开着卫生间的门小便，把一本打开的色情杂志放在厨房里；我很困惑他竟然不记得在安迪的工作室内见过健身杂志（我在安迪档案里发现了许多信息，包括寄给这位友人的色情书目，上面写着转交给"工厂"）。另一位安迪的合作伙伴，在采访开始时先是向我展示一张他的裸体照片，但没有直视我，在我们的整个交谈过程中，他一直敲着电脑，煲着电话，颇为真诚地否认安迪曾眼见他与别人性交（与此前一位传记作家所说的相反）。一位据认为是异性恋的朋友——他曾在安迪的影片里与男子交欢——声称他从来不是双性恋者。另外两位安迪的伙伴，所有人都叫他们"同性恋"，但他们却不愿用这个词指代自己。他们不愿表现出亲密感（同样也不愿承认同性恋关系，仿佛那是低俗不堪的事），有时候是安迪式爱炫耀、爱表演的隐藏意。事实上，安迪的很多作品放弃了表演，或者说来了个华丽的后撤，以避开与人正面的联系。

我们通常可以用"性冷淡"（asexual）一词来描述传言中安迪对身体亲密的回避。甚至那些与安迪调情的人也说他"性冷淡"。这是他的最大特点，另一些 a 单词（*art*, *Andy*, 和 *a : a novel*）——这些 a 单词，像一把算

盘上的算珠，把他演算成 Andy（安迪）。我不知道，一个将思想转化为性，又把性重新转化为思想的人，怎么能被称为"性冷淡"。更有可能的是，安迪是"元性欲"（ur-sexual）：情色是其本质的最低层，不过他看重这肉欲王国，因为它分解他，通过"看"，把他移出他的身体而植入别人（马龙·白兰度、海蒂·拉玛）的身体。

安迪常常被说成是"性冷淡"，这是为了避免被称作"酷儿"（queer）。在他看来，同性恋是个"问题"（problem）："某某人有问题吗？"他会这么问朋友，而且希望得到肯定的答案。据《访谈》杂志编辑鲍勃·科拉切洛（Bob Colacello）说，安迪确信公园大道每一位已婚男子都是"有问题"的。然而烦恼令安迪愉悦：他说，"问题"能讲出好故事来。一直到最近，他都不受同性恋解放运动者的待见；他职业生涯的鼎盛期要早于同性恋解放运动的正式诞生，即 1969 年 6 月的"石墙骚乱"[①]（Stonewall Riot），而且即便他自 20 世纪 40 年代后期搬到纽约开始，身上似乎就已经镀上了一层"男同"色彩，

[①] 发生在纽约的同性恋者和警察间的一系列暴力冲突，开始于 1969 年 6 月 27 日，地处格林尼治村的同性恋住所石墙旅馆外。这次骚乱被看作同性恋群体维权运动的起点。

但无论他的照片，还是他那些拐弯抹角的声明，都没有表现出他与那场同性恋解放运动及其后继者有什么默契。事实上，尽管我们今天把安迪看作20世纪最典型的"酷儿"艺术家，但终其一生，他的作品都被认为与同性恋解放运动毫无关联。通过表现出对政治的毫不关心（他只投过一次选票，从未参加过游行），炫耀与保守党的联系（《访谈》杂志1981年12月那期封面人物选择了南希·里根），向富商与权贵献殷勤，安迪成功地疏远了那些激进主义分子。工作室里围绕在他身边的男子——其中许多人与其他男子交欢——也与通常意义上的"酷儿"保持着一定距离。[这里面也有些例外，比如维克托·雨果（Victor Hugo），他是设计师侯斯顿（Halston）的"缪斯"；当然，在头发蓬乱的雨果的性爱照片——70年代由安迪的宝丽来相机所拍——被公布出来之前，他仍将是安迪万神殿中的一位神秘人物。]安迪的天主教信仰也常被视为他不愿坚定地支持同性恋群体的一个原因，但是与他对同性恋解放运动的漠不关心相并列的，似乎还有同情与内疚——如今许多人相信，安迪利用他的影片和"工厂"，促成了同性恋的解放。

安迪是什么样的"男同"呢？就像你所能接触到的

那样。他愉快地将这种不寻常的性取向播撒于每一项人类活动中，包括睡觉、煲电话、偷商店里的唇膏。人们总是热衷于想方设法去证明安迪的艺术或生活对同性恋群体有利。但比任何这方面的企图都更有趣的事情是：首先，关注他加于男性裸体之上的道德价值——他将其视为在这个贫瘠的土地上他可以得到的一种救赎；其次要注意到，就像另一位戴假发的艺术家梅·韦斯特一样，他把性注入每一声叹息中，让模仿者明白，非生理性的纵乐——闲话、绘画、摄影、口述、购物、收集、归档、回忆——也会发出属于它们自己的粗陋的情色火花。

一些安迪最好的作品都擦着色情描写的边，至少按20世纪60年代的标准看是如此；他面不改色、津津有味地贩卖带有性意味的意象和内容。他的艺术趋向色情，这并不妨碍他的艺术具有崇高的性质。终其一生，从九岁时拿起布朗尼相机，到去世前几天以时装模特的形象出镜，他都在努力将色情冲动改装成对事物本质神圣的、严肃的探求——通过观看（还有复制）他人的身体，特别是那些有吸引力的男子的身体（处于运动或休息状态），一步步逼近肉体世界的神奇核心。很难说安迪喜欢哪种状态下的身体，运动还是静止。或许，考虑到他小时候

常犯圣维图斯舞蹈症(不可控制的肢体抖动),以及他父母从捷克斯洛伐克流亡所遭受的痛苦(在他出生前),安迪会选择静止不动,因为不动的身体,那优雅的宁静,可以安然于美国人懒散的天性:他从寸步不移因而可以慷慨地任人观察的身体上得到安慰。在当代关于色情作品的争论中,清教徒式的道德主义忽略了那些露骨的色情形象所包含的虔诚的、近乎宗教的动机:好奇心,即不满足于眼之所见的那种值得赞美的欲望。哲学家和圣人追求善。对安迪而言,善就是男性身体。他想去看、画、拍摄其极致的状态和散发出来的事物。他希望有一种观看模式,能够触摸到肉体的本质并理解它的局限。面对执拗的肉体,他的眼睛总有无限的耐心。

耐心,是安迪性格的基石。他"有足够的执着去观看,直至童真的目光远去"(让我借用伊丽莎白·毕肖普[①]的话)。当然,他也有耐心听——从不打断,从不惊叫,在听了某个超级明星三小时的独白之后,"我受够了!"("超级明星"是个方便说法:在安迪的生活中,这个不

[①] 伊丽莎白·毕肖普(Elizabeth Bishop,1911—1979),"诗人中的诗人",被认为是狄金森之后美国最伟大的女诗人。此处引自《两千多幅插图和一套完整索引》。

可或缺的外人有许多同义词,如"讲话者""宝贝""缪斯""主体""客体",或是 B。)安迪——A——有永不厌烦的耐心;或者说,他已学会了探究"无聊"之中的情色。许多观众认为安迪的电影过于无聊;他也承认自己对枯燥无趣之物有特殊的喜爱之情。下定决心醉心于无聊让安迪获得了一个优势:他克服了阻碍胆小鬼探索未知世界的抵触情绪。安迪身上这种享受"无聊"的能力,是圣徒式的耐心或斯多葛主义的一种艺术转化——等待弥赛亚(救世主)的意愿。安迪对"无聊"的宽容,是一种精神上的美德;同样,他乐于放弃控制,乐于搁置自己一时的念头,乐于把控制权让渡给别人,如"超级明星"、具有完美形体的自恋者,这也是一种精神上的美德。安迪鼓吹"不变性"(changelessness)——他说,如果你足够专注,就会看到一张僵硬不动的脸如何变得有弹性、有表达力。

只需一眼,我们就知道安迪的作品是建立在重复之上的。像《36 个埃塞尔·斯卡尔》《16 个杰奎琳》《猫王三重影》《200 个坎贝尔浓汤罐头》。物或人在作品内重复,然后由单件量产复本。但是图像也跨越媒介,跨越他数十年的创作生涯而滋生繁衍。比如椅子,最初是 20 世纪 60 年代初他的丝网画中那空荡荡的、残忍的电椅。然后,

在安迪1965年拍的电影《保罗·斯万》(*Paul Swan*)中，当片中的主角，一位大龄舞者离场去换戏服时，摄像机一直开着，这过程中我们在屏幕上的所见唯有一把空荡荡的椅子——它看似无所指示，直到我们盯着屏幕几分钟后，才会想起电椅，想起安迪的绝笔画作《最后的晚餐》，画中伊利亚在逾越节晚餐的座位空了出来，换成必要的阴影……安迪的图像看似傻气、沉默，直到你凝视它们足够长的时间，经历麻木，觉悟，最后终于理解：原来一把椅子也传递了某个人将过早离世的不祥预兆。

这种重复——椅子只是众多主题中的一个——揭示了安迪对图像稳定性或连贯性的执着；我敢断言，这种稳定性或连贯性是重要艺术家的标志，而不是骗子画家的标志——虽然有些人仍然倾向于把他看作一个骗子画家。在每一件作品和每一种媒介中，安迪都在试图解决一个难题：两个相邻的人，各自存在于一副身体之中，这到底意味着什么？这两副身体会永远联合在一起吗？它们一样还是不同？安迪向来对成对的东西充满好奇；他可以像局外人一样旁观自己，也可以注视着别人，仿佛他们是他自己所发出的声音的回响。安迪的作品中，总有两副身体并肩出现，而且两副身体完全相同或只有些微的

差异，有时甚至无法看出有什么不同。如果你足够幸运，看过他1965年的影片《我的小白脸》(*My Hustler*)，你该记得第二卷带子里两个"牛郎"一同站在火岛的一个狭小洗手间里的场景——英俊的"美国保罗"（一个正对着镜子梳妆打扮的金发壮汉）与其模仿者，年长的乔·坎贝尔（Joe Campbell）之间一段长长的对话，乔想让闪烁其词的保罗承认他也是一位应召男子。时间一分一秒地在两位牛郎的身体上流过，观众开始产生幻觉，觉得"男性之双"本身才是电影的主题。如果你还未看过此片，那么想想任何一个安迪创造的并置双图像：两个玛丽莲·梦露、两个猫王、两个可乐瓶；或《切尔西女郎》双放映的两个屏幕，有时扮演河内·汉娜的玛丽·沃若诺夫（Mary Woronov），像萨德作品中的虚构一样[①]，同时出现在双屏幕上；又或者可怜的伊迪·塞奇维克在《外空间和内空间》(*Outer and Inner Space*)里向她自己的电视影像说话。总之，在安迪那里，双身随处可见，它们的孪生关系在问：我们两个仍旧不像吗？或我们距离上的临近会让我们变得相似吗？

---

① 指萨德侯爵（Marquis de Sade，1740—1814）通过书写创造了由语言组成的独特世界。

图1:《我的小白脸》剧照,1956年。图源:卡内基安迪·沃霍尔博物馆,宾夕法尼亚州匹兹堡,2001年。

双重性:当一具身体紧挨着另一具身体时会发生什么?

正如阿瑟·丹托所说，安迪是位哲学家。他通过自己的艺术，思索空间、时间、化身问题，而他形而上探究的核心是或被唤醒、或无动于衷的身体，他通过身体发问："我如何才能忍受只生存于自己的身体之中？其他人又是怎么存在于他们自己体内的？而当一具身体挨着另一具身体时会发生什么？它会消失，还是会改变其构成方式？两个身体结合在一起时，时间会加速流逝吗？当一具身体形单影只时，时间会慢下来吗？只有死去的身体才会静止不动吗？通过往复萦绕和不断复制，死去的也会动吗？男孩子就像男孩子？女孩子就像女孩子？这些不同的类别——母亲、小白脸、明星、疯子——是如何重叠的？爱是否是一场运动，而我是其中的一部分？"这些当然是抽象的问题，但是对安迪以及那些对安迪影片和艺术作品抱有同情的观众而言，它们就像八小时的睡眠、八小时的失眠一样可感可触。

八个小时。九个月。三分钟。安迪的所有作品都凝练——或升华——为一个令人魂牵梦绕的东西：时间，以及人被调动起来时对时间的感觉。他的艺术在沉思：等待性爱时会有怎样的感觉；在性爱过程中等待它的结束，或在前戏中等待"真正"性爱的开始是怎样的一种感觉；渴

望你正凝视的人，或因为等待那个人回转心意来找你而忍受着哪怕是一生的延宕，这又是怎样的一种滋味。

安迪的艺术很复杂，难以归结为几条格言；不过我还是保留给出一条格言的权利。在与他的阴影产生共鸣之际，我对自己说：性——还有时间——折磨着我们的"安迪纸袋"。

之前

1. 创伤

1945年8月6日,美国在广岛投下了原子弹。也就是那一天,安德鲁·沃霍拉(Andrew Warhola)庆祝他十七岁生日。这位无性恋的白化病患者、《a:一本小说》(*a: a novel*)的作者安迪(Andy),本名安德鲁·沃霍拉,但是最终他去掉了其姓氏(Warhola)结尾处的a——这累赘的a如此笨重,又带着种族的印记。但是被弃之物又总能激起人的好奇与敬畏,被逐出视野,又会再次出现。他去掉名字结尾处的a,可能是想让他的名字获得更具好战意味的象征:安迪战争洞(Andy War Hole)。无论如何,他对字母a也保留了好感;在他看来,字母a的辩证方是字母b。

在安迪早期的生活里,没有什么创伤可与投掷原子弹相比。似乎在安迪生日那天美国投放原子弹是"恰如其分"的,尽管他在1945年还未进入流行视野或跻身一

流艺术家①的行列。批评家可能会指责他只关心知名度而忽略人类遭受的巨大灾难,这灾难由美国带来,也让美国蒙难,而这个国家却正是他所欣赏的[他把自己的最后一部书命名为《美国》(America)]。他成长于"大萧条"时期,一个极为贫困的移民家庭,而他的艺术正是对美式贫困的一种美式回应。他看重象征手法(将象征意义严肃化);他相信那个八岁就被母亲带到电影放映机前的瘦小孩会扮演一座丰碑,小安德鲁·沃霍拉会成长为一个代表性人物、一个典型的反艺术家。

1965年他将以一幅丝网版画《原子弹》纪念这场爆炸,也含蓄地纪念他自己的生日——那是一幅暴躁的自画像,一个象征世界性创伤的安迪形象。创伤是他生命中的"发动机",而演讲则是他的第一个伤口:说话,写作,接受访谈,于他都是痛苦的。他唯一可以组织文字的方式是依赖列举和重复。在约翰·哈洛韦尔(John Hallowell)《真实的游戏》(*The Truth Game*,1969)这本书中一段访谈的结尾,安迪开列了他的一份清单。当他次第列举清单中的项目时,访谈顺畅了起来,这也让他

---

① 原文为"art's A-list",既对应安迪的姓名首字母,又表示级别之高。

与采访者的对话更和谐了。安迪筛选出哈洛韦尔的八卦问题,他说,"最喜欢的领带、最喜欢的腌菜、最喜欢的戒指、最喜欢的纸杯、最喜欢的冰激凌、最喜欢的嬉皮士、最喜欢的唱片、最喜欢的歌曲、最喜欢的电影、最喜欢的印第安人、最喜欢的分币、最喜欢的脚、最喜欢的鱼、最喜欢的圣人、最喜欢的罪、最喜欢的披头士成员……"创伤也总在重复:作为男子是创伤,长得不漂亮是创伤,生病是创伤,动手术是创伤,受人冷落是创伤,前进是创伤,停滞不前是创伤。提出他这些从未消失的创伤,并不是要断定有某个恶棍伤害了他。毕竟,地球原本就是伤痛之所,对夏娃、基督、圣女贞德来说是这样,对安迪的母亲朱莉娅·沃霍拉也是如此。

朱莉娅·沃霍拉(Julia Warhola),1892年11月17日生于原捷克斯洛伐克的米科瓦(Mikova),原名朱莉娅·查瓦奇(Julia Zavacky)。起初,她不愿嫁给安迪的父亲老安迪——安德烈(Andrej)生于1889年11月28日,同样来自米科瓦。朱莉娅的父亲殴打她,强迫她接受这门婚事;而她最终被安德烈用糖果打动而同意结婚。在20世纪60年代末接受《时尚先生》(*Esquire*)的一次采访时,她说:"我父亲殴打我,一直打,要我与他结婚……我哭

喊,我不知道为什么会这样。老安迪又来拜访。他给我带了糖果。我没有糖果。他给我带了糖果,美妙的糖果。就为这糖果,我嫁给了他"。糖果、创伤,它们伴随着朱莉娅的婚姻,以及她儿子艺术生涯的始终。朱莉娅爱糖果,小安迪也是如此。难怪他电影工厂里那位最出色的变装皇后称自己为"亲爱的糖果"(Candy Darling),以向他最爱的麻醉药品致敬。在其别出心裁的《安迪·沃霍尔的哲学》(*The Philosophy of Andy Warhol*,又名《从A到B又回到A》,*From A to B and Back Again*,由帕特·哈克特等人代写,原先的扉页上称为 *THE Philosophy*,定冠词——就像不定冠词——对安迪来说是神秘的)一书中,他回忆说,他儿时每涂鸦完一页彩色画册,母亲就会给他几块糖作为奖励。成年后,他继续迷恋糖果。汤姆·沃尔夫(Tom Wolfe)称安迪在社交聚餐时拒绝食物,并宣称"我只吃糖果"。在1968年遭受枪击后,有一段时间,安迪只能吃流食,他就回到东六十街区的"奇缘3"(Serendipity 3)餐馆,用冻热巧克力抚慰自己。

在敌不过糖果诱惑跌入婚姻之后,朱莉娅遭受了二次创伤:1913年,她丈夫独自去美国找工作而将她留在捷克之后,他们的第一个孩子朱斯蒂娜(Justina)死了。

据维克托·伯克瑞斯（Victor Bockris）所言——他的传记提供了沃霍尔早年生活的最全面记述——这个婴儿的死是因为"她肚内空空如洗，无法进食"。食物——糖果、汤——极其缺乏，都是注解沃霍尔艺术创作的"阿涅德线团"；对沃霍尔的家庭和事业来说，能否果腹至关重要（当然，对任何一个家庭、任何一份职业而言也是如此）。朱莉娅这样描述第一个孩子的死亡："我丈夫离开后，一切变得很糟。我有女儿，她出生六星期就死了。她得了感冒，没能看医生。我们需要医生，但是镇上没有医生。哦，我不停地哭。哦，她死时我已崩溃了，打开窗户哀号：'我的孩子死了。'"（她开始抽泣）"我的孩子死了。我可怜的女儿啊！"

1921年，朱莉娅移民匹兹堡与丈夫团聚——安德烈在那里找了份建筑工人的活儿。那个被留在捷克斯洛伐克坟墓里的死去的女婴，可能曾一度萦绕在小安迪的心头；沃霍拉夫人善于讲故事，叙述极富戏剧性，尤其是说起她在东欧生活的时候，她也许经常和她的其他孩子说起死去的朱斯蒂娜。她后来又有了三个孩子。头两个——大儿子保罗（Paul）生于1922年；老二约翰（John）生于1925年——都长得刚健强壮。安迪是老三，也是老

小，生于1928年，则是另一种体质。男子气概是他从一开始就不及格的一个科目。

事实上，男子气概作为一门学科，是小学课程的基础；于是安迪想逃避学校，与朱莉娅待在家里。此时他的母亲独自与孩子们相守，而他的父亲安德烈，这位强壮而看不出格外善良或凶恶的父亲，要奔波于分散各地的建筑工地之间。安迪第一次有文字记载的创伤来自在学校的挫败。后来他所建立的各式各样的工作室和工厂，不过是补偿性的教学机构，就像工读学校或特殊班一样；通过这些古怪的工作室，安迪试图打碎大众教育的模板，以一种不一样的方式传授知识。在他四岁时，安迪入读索霍小学——不过只待了一天。原因很简单，一个女孩儿打了他；他哇哇大哭，备感伤害，以致有两年没有返回学校。他由此对学校的管束和任何教条式的限制怀有厌恶之情。1932年的拒绝入学是他的第一次无政府主义行动——一次无关内容的革命。眼泪后来演变成了有计划的争吵。

两年后他重返学校，选择与女孩子们交朋友，而不是男孩子。很快，安迪认识到男孩子们的生活让人憎恶，男孩子会带给他挫败感；只有女孩子是迷人的、有益的，

而且富有同情心。母亲也是个女孩，一个糖果供应者、一位艺术家——她会把锡罐剪成花朵的形状、挨家挨户售卖，挣二十五美分。安迪从她那里获得的馈赠与滋养包括：花、罐头盒、糖果、闲聊。

在经受无法融入学校的失败之后，安迪的下一个创伤是一种名为圣维图斯舞或舞蹈症的疾病。这种病在他八岁时袭击了他。（在异想天开的《哲学》一书中，他称之为神经崩溃。在我们想拿他的书较真时，我们该记住，这些书不完全是他写的，他是个说谎高手。）传记作者伯克瑞斯声称，安迪在1938年被舞蹈症拖垮，疾病让他离开了学校，成为母亲身边的病人；他在厨房外的一张床上躺了一个月。这种舞蹈症的症状包括皮肤起疹和不受控制的身体晃动。这两种症状都在沃霍尔之后的人生里有所反映，尽管他没有留下任何关于晃动或忍受皮肤畸形的任何讲述，但在他成熟的艺术作品里却折射出这些经验——让这些症状回响在绘画、电影、表演中。我要岔开去描述一下或倒叙一下他后来在艺术中对舞蹈症的重新演绎，因为这些艺术性的重塑代表了童年创伤的完成、消弭，以及澄清。

待到20世纪60年代初安迪开始成名，他身上的疹

块已经消退了，但那些痕迹使他的脸看上去还像青年一样稍显稚嫩，并不成熟。他一生的皮肤状态都不好——这糟糕的皮肤将他置于《道林·格雷的画像》①那样的境遇：红斑被虚假光滑的皮肤所掩盖。电影和油画既是皮肤病的治愈，也是青春的源泉：帆布能令沃霍尔感知粗糙皮肤的表面，就像明胶的透明性能让他有一种抚摩光亮无痕的皮肤的感觉。几乎没有快照充分显示安迪身上的斑块，但是他的朋友莱拉·辛格尔顿·戴维斯（Leila Singleton Davies）20世纪40年代后期拍摄的一组照片显示他与朋友正在纽约街头雀跃，他脸上和脖子上有褪了色的斑块，状如一个个锯出来的卵形。面部的斑块再一次出现在他20世纪70年代借用军事迷彩图案的系列油画中——这一风格用于越南战争，一场他没有去抗议，而只是间接地在电影中让他那些幼稚的演员弱弱地表达一些和平主义者情绪的战争。他还创作了一些自画像，在画中他把原生动物般的伪装——自作自受，迂回蠕动——添加到自己脸上：这种保护性的设计，意味着给予士兵变色龙般的适应能力，类似于让安迪感到暴露在外而卑弱

---

① 英国作家王尔德（Oscar Wilde）的长篇小说，主人公许愿永葆青春，而让自己的画像承担变老变丑的样子。

无助的皮肤疹块。

在著名的《不可避免的塑料爆炸》[①](*Exploding Plastic Inevitable*)多媒体表演中,斑块再次出现于"地下丝绒"(他在20世纪60年代资助的摇滚乐队)成员身上的彩色胶片投影中;然后,还出现在他的电影《切尔西女郎》(*The Chelsea Girls*,1966)中:时尚的色彩条纹还布满主唱尼科(Nico)的脸,以及安迪的尼金斯基[②]——像牧神一样舞蹈的艾瑞克·艾默森(Eric Emerson)身上,暗示着美丽由残缺的皮肤构成,被一块块类似半岛、岛屿、岩石,而且没有人类标识的斑块划破。最后,让我大胆猜想一下沃霍尔的两种主要艺术手法,涂印技术(blotted line,把染好的图案印在另一件衣服上,就像把涂过口红的唇印在餐纸上)与丝网印刷,都是形成斑块的夸张形式,是对其皮肤的模仿代偿——通过机械地模仿这些瑕疵而修正它,使之看起来显得昂贵而有吸引力。

我们提前讲了他的故事。回到安迪八岁的时候,他还不是艺术家,还没有发明丝网印刷或涂印技术,他那

---

① 1967年拍摄的记录性短片。
② 尼金斯基(Vaslav Nijinsky,1889—1950),俄国芭蕾舞演员,20世纪芭蕾舞史上最著名的男演员。

时正迷恋秀兰·邓波儿（Shirley Temple），写信索要她的签名照片，而且，那时他身上还长满疹块。此外，他还在颤抖——不是像舞蹈家玛莎·格雷厄姆（Martha Graham），而是像个痉挛性麻痹症患者。

安迪最初的愿望是像他的第一个偶像秀兰·邓波儿那样，成为踢踏舞蹈家。因为患了舞蹈症，他成了另一类舞者。这种不受控制的摇摆——在未确诊之前，让人以为他太笨拙或躁动——把对秀兰的幻想带向了某个黑暗之地：踢踏舞是有意识的，而圣维图斯舞蹈症是不幸。这引发了后来的争论：安迪自己能创作作品吗？还是说其创作均由助手完成？而这争论的起点则是舞蹈症难题：谁控制着安迪的身体活动？在他的整个职业生涯中，安迪都想假装自己没有做出那些不受控的活动。从八岁起，他就理解了灵魂附体，也因此，他或许能改变有关艺术灵感的神话，无论是恶魔般的还是精灵般的；他要重新构想自己的身体，把它当作一台传导动作的机器，这些动作可以绕过意识和意志力，能够自动重复，也让他陷入尴尬。他在卡内基技术学院学习艺术和设计时，参加了现代舞社团；这个社团除他以外，全是年轻女性。来到纽约后，他打算和舞者住在一起。他的电影即以舞者为主

角，如前面提到的1965年描绘保罗·斯旺（Paul Swan）的电影——格洛丽亚·斯旺森（Gloria Swanson）比鲁道夫·努列耶夫（Rudolf Nureyev）出镜更多。另一个舞者是弗雷迪·赫科（Freddy Herko），他能为沃霍尔说明故意做的动作和非自主抽搐之间是怎样混淆的。他曾出现在沃霍尔的多部早期电影里，而且他本人也真的舞蹈至死［暗示圣维图斯舞蹈症中死亡之舞（Totentanz）的遗迹］：弗雷迪用高保真音响放着莫扎特的《加冕弥撒》（Coronation Mass），跳出了窗户。

安迪的舞蹈症（以及与母亲在一起的那段生病卧床的时光）没有将他戏剧性地推入死亡的怀抱，但改变了他的触觉——增强了它，把它变成了一件难以轻松做到的麻烦事。从那以后，安迪希望不被触碰。就因为感觉过敏，安迪成年后，如果有人试图与他握手和拥抱，他会明显地退缩。

经历了舞蹈症所带来的动作不协调之后，接下来，安迪将要面对静止。他的父亲在他十三岁时去世了。根据朱莉娅的描述，她丈夫喝了有毒的水："安迪还是个孩子时，我丈夫就死了。从1942年起，我丈夫害了三年病。他去西弗吉尼亚的矿上工作，喝了那里的水。那水是有

毒的。他中了毒。一病就是三年。看了很多医生，也没有用。"后来安迪保持着对"静止"（motionlessness）的迷恋——摄影所捕捉到的那些静止的躯体；他的电影［他和助手杰勒德·马兰加（Gerard Malanga）称之为"静像"（stillies）］也喜欢呈现静止的物体和几乎不动的人物。画面在移动，但拍摄的对象没有移动。（布洛里）盒子和油画也不动。在沃霍尔众多艺术作品中，唯一动的东西，是叠在一个个符号之上的时间。

安迪对父亲的遗体感到恐惧——按照习俗（他们家信奉拜占庭天主教），遗体在楼下摆了三天。安迪躲在床下，拒绝下楼哀悼。安迪现在明白了，死亡是永远的静止；但直到那时，运动——他想终止的圣维图斯舞蹈症的痛苦——最终会永远停下来的事情还没有在他身上发生。位于朱莉娅旁边的安德烈的遗体证明，能够活动并不是多么糟糕的一件事。

在1942年，沃霍尔可能害怕面对他父亲涂抹香膏的身体，但在1963年，他却通过拍摄他的第一部电影《沉睡》（Sleep）而重新面对父亲的遗体。这部影片呈现了约翰·焦尔诺（John Giorno）差不多五小时的睡眠（不是直接转录的时间，而是一种艺术化的重组拼贴，也许拍了

好几个晚上，有许多重复的镜头）。显然，沃霍拉夫人喜欢看她儿子睡觉，就像安迪喜欢看他的男友睡觉一样；窥视"静止"是一种相当专业化的色情训练。《沉睡》的关窍在于，沉睡者绝非麻痹不能动了：焦尔诺的胳膊在动，脸部肌肉会抖动，腹部在上下起伏，同时摄像机的视角也在变化。欲望——无论安迪的欲望还是观者的欲望——也不是静止不动的：我的眼睛欣赏裸露着的俊美身体，正如电影慢慢推进，我希望更多的肉体呈现出来（我记得，镜头从未完全拍到他的阴茎）。得花费不少时间才能认识到这沉睡之身的含义。我在看了三小时之后，才意识到这银幕上沉睡的身体是对死去的安德烈的回顾，并最终认可其善。终于，安迪得以扮演孝顺子女守夜的形象，沉睡即是清醒。不仅如此，他将当年因惧怕而错过的告别转换为现在这种色情的演绎。父亲之死是原始的创伤，如今却成为沃霍尔、焦尔诺以及观者之间一种相当亲密的感性仪式——焦尔诺同意被拍摄，观者同意去看。安迪或许还期望获得回应——父亲将站起重生。由于电影中的色情因素，使这一超长时间的影片变得可以忍受，也引人思索：这睡着的人会不会因我们的注视而震颤，还是他仍然漠不在意？有时，这身体好像是十字

架上的基督：观众虔诚的耐心坚信基督将会重生，即便要等待五小时。竖起，重生：也许安迪在观看约翰睡觉时勃起了。

安德烈·沃霍拉在去世之前，做了一个决定：家里已经积攒下足够的钱（债券的形式），可以送一个儿子去上大学，这个被看好的孩子就是安迪，因为他的艺术才能，如色彩、裁剪、速写已经充分显现出来。他的母亲称赞他是剪纸鬼才，她说："安迪总是要图片，我给他买卡通书，他就不停地剪啊剪啊，剪得很好，剪出图来。"安迪的确剪得很棒。导演大声喊："停（Cut）！"导演大喊，带着点残酷：审查，停业。对于安迪而言，"剪切"意味着摘抄和窃取——欣赏自己的剪刀有意识而且明确地冒犯他人的图像。安迪会裁剪——他会去除或摘取某些图像，加以修剪，通过删节而形成一个新的构图。作为裁剪能手，他对剪切的态度反而是迷信地厌恶；因为拒绝切除他人生中的混乱，他消弭了宝贝与垃圾之间的界限。

在安迪进入卡内基技术学院的前一年，他遭受了又一次创伤：这一次与他母亲，而不是他父亲的身体有关。朱莉娅不幸患了结肠癌，大便系统被切除了；她余生的

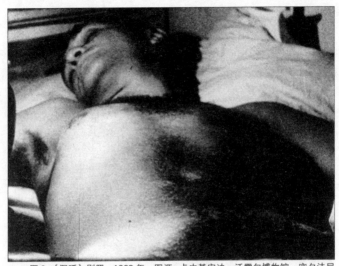

图 2：《沉睡》剧照，1963 年。图源：卡内基安迪·沃霍尔博物馆，宾夕法尼亚州匹兹堡，2001 年。

沉睡即苏醒。

岁月里，一直戴着瘘袋。（伯克里瑞曾提到，安迪鼓励她通过手术在体内置管以取代外置的瘘袋，但她拒绝了。）就我所知，从没有评论家费心去把母亲的创伤与安迪的艺术联系起来。这一点很奇怪。想一想瘘袋和他母亲排便系统上的切除手术；想一想，如伯克瑞斯指出的，朱莉娅在安迪舞蹈症发作期间按时为他灌肠，她有个女儿因肠功能衰竭早夭；再想一想沃霍尔主要的艺术贡献是重新阐释"文化废品"的价值。笨拙而又极敏感的安迪知道母亲身体内部被切除掉了，代之以一个外置的袋子，排便系统的秘密工作尴尬地敞现于外。她身体的内部和外部已经被痛苦地反转了。类似地，安迪将通过把内在之物醒目且令人惊颤地外化而赢得声名与财富。在艺术中，他也将把残渣瓦砾以一种让人不舒服的方式带到表面。这就难怪他把自己与袋子联系在一起，想称呼自己为"安迪纸袋"，以致敬他母亲的瘘袋。

在公开的记录中，安迪从未写过或说起过他母亲的手术或瘘袋。然而这些其实都出现在人们不太注意的地方。安迪在《安迪·沃霍尔的哲学》中间接提到了它——也许是无意的？——他说："既然人类总是花费时间进食和去厕所，我就想，为什么不在人身后装一根管子，把

人们吃的所有东西顺着管子倒进去,再送回口中;如此循环再生,人们就无须劳心于买什么或吃什么了。甚至,也不必非得见到食物——食物也不会变得脏兮兮。如果人们想看到它,则可以在回流的过程中对其进行人工染色。粉色就不错。"于是有"粉色的山姆"(Pink Sam),那是安迪于20世纪50年代在家自制的图书《25只名叫山姆的猫和一只蓝色小猫》(*25 Cats Name Sam and One Blue Pussy*)中的一页;于是他艺术生产的口号就是:选出一幅图——剪下来——再为之上色。他还在绘画作品《之前与之后》(*Before and After*)中暗示了沃霍拉夫人的手术——这幅画展现一个女人隆鼻前和隆鼻后的脸——那是身体上剪切出的一块。"剪,剪,剪得好",朱莉娅这样称赞外科医生和儿子的艺术。之前与之后间的缝隙或者说分割线——将这个女人的两张照片划分开来的时间界限——本身就是一种剪辑,就像电影中的一帧图片接着另一帧图片。

朱莉娅的手术让安迪对废物有了真实的感受。这一次手术给了他"波普"的理念(安迪的"波普"说法,更多是与他妈妈的作品,而不是波普本身有关)。正如安迪和帕特·哈克特(Pat Hackett)在《波普主义:沃霍尔的

60年代》(*POPism: The Warhol's 60s*)中指出的那样:"波普艺术把内在的展现于外,又把外在的转化为内。"在安迪和朱莉娅纸袋的波普之体中,内在之物破茧般疼痛地转化为外在之物,然后以另一种色彩伪装自身。

"安迪纸袋"进入卡内基技术学院主修图画设计。然而他在入学第一年就退学了——这次不是因为像幼儿园入学第一天那样有女孩子打他,而是因为一种与书写相关的创伤。

成年后的安迪成了一位多产的作家,且说过许多金句(比如那句"在未来,每个人都可以成名十五分钟"),这些光环掩盖了他无法拼写的事实。这种缺陷不只停留在依赖写手为其著书(这种事古今名人都不例外)的程度,这意味着:他几乎不会写下任何文字。事实上我也几乎从未见过任何他亲手写的东西。也有一些例外——1956年周游世界时他给母亲寄了几张明信片:

> 嗨,我很好(Hi im alright)
> 我正在罗马(im in Rome now)
> 这真是个好地方(its real nice here)
> 再见(Bye me)

我挺好（im OK）

我在日本（im in Japan）

亲爱的妈妈（Dear mum）

我收到你的信了（I got you letter）

我挺好（im OK）

这儿一切都好（everything is real nice?here.）。

我会再写信（i write?again）

再见（bye）

这几封信是写给英文能力极其有限的妇女的，因此他可能是为母亲考虑而精心选择了家常语言。但是，安迪写下的几乎每个句子中都满是奇奇怪怪的拼写错误（还有对小写字母"i"不自然的、过于文艺的偏爱）。显然，他有阅读障碍，尽管未被确诊（我猜那时关于阅读障碍的诊断还很少见）。他的一些拼写错误，如把"video"写成"vedio"，"Polaroid"写成"polorrod"和"poliaroid"，"Thailand"写成"tailand"，"script"写成"scrpit"，"plastic"写成"pastic"，"heroin"写成"herion"，"Leroy"

写成"Leory"。即便简单的英文也让他深感困难。（同时，他还是"左撇子"，这也许让他觉得手写——而不是口述——是令他丢脸的难关。）传记作家们认为，大学时富有同情心的女同学帮他撰写了论文。但是这些友情合作的努力不足以帮他通过"思想与表达"这门卡内基技术学院的必修课，所以入学第一年，他的成绩就没能达标。

他设法返回学院并赢得艺术大奖；他被认作古怪的天才。学院的课程并不是用来帮助"小波洛克"（Jack Pollocks）们发现他们的隐疾。沃霍尔那时候最有预见性的作品是画作《相貌不可选，鼻孔却可挖》（*The Broad Gave Me My Face, But I Can Pick My Own Nose*）：纤瘦的身体支撑着一颗硕大的脑袋，小指伸进左鼻孔——戏谑地往里面试探着。卡内基技术学院艺展的评审之一、艺术家乔治·格罗斯（George Grosz）投票支持这件作品，然而它遭到了其他评审的反对，最终，这件"挖鼻孔者"没有入选正式展览。[安迪曾像菲尔茨（W. C. Fields）[①]一样有酒糟鼻头——红肿的圆鼻头——后来在1956年或1957年做了整形。] 在艺术生涯早期，他第一次创作就用

---

① 美国喜剧演员，他最著名的面部特征便是酒糟鼻。

这样一幅以挖鼻孔者为主人公的绘画进行了华丽的自我描绘——那个不甚雅观、心无旁骛的男孩给自己一次旁若无人的小开心和小放松,仿佛一个男孩挖鼻孔是这世上最自然、最有趣、最撩人的景观。沃霍尔的事业就这样开始了:致力于塑造类似挖鼻孔男孩那样的孤独身体,并以横溢的才华用新的方式利用它们进行创作。

1949年6月,安迪从卡内基技术学院毕业,前往纽约,告别了匹兹堡——那座以钢铁工业著称的银色城市,那个自己从小就被人看不起的地方。在离开匹兹堡,这座他已经不爱的城市的前一年,他为自己买了一身奶油色灯芯绒套装。几乎从未有人管安迪叫帅哥。有些人注意到,在安迪小时候,他的鼻子没有变得像后来那样大,看起来像个小天使——在约莫十四岁时拍的快照中是这样。但会有人想跟穿奶油色灯芯绒套装的安迪上床吗?如果换一种方式解释沃霍尔这一举动,你不会把他的装扮看成是笨拙局外人的发泄,认为他是被美的王国流放之人,而是看成此王国的第一代居民。设想奶油色套装映衬下他那苍白的皮肤,想象有人想去抚摸他。朱莉娅·沃霍拉是他的生母,但或许连她也认为安迪毫无性吸引力。广告艺术总监约瑟夫·乔达诺(Joseph Giordano)

在20世纪50年代末60年代初曾是沃霍尔的朋友,他告诉艺术史学家帕特里克·S.史密斯(Patrick S. Smith):"沃霍尔的母亲让他感到自己是上帝在这个地球上所创造的最丑陋的生物。"

2. 猫咪天堂

安迪首次使用"沃霍尔"这个名字是在1949年,也就在那一年,他与画家菲利浦·波尔斯坦(Philip Pearlstein,写实主义画家,对裸体极度痴迷)一同去了纽约。接下来的十年,我们的"纸袋先生"将摇身一变,成为纽约最成功的商业艺术家之一。他三次赢得"艺术总监俱乐部"①的广告设计大奖,20世纪50年代末,他用挣到的钱在位于89街和90街之间的列克星敦大街买下一处联排别墅,共花费6.7万美元。尽管外形古怪,他还是使自己成为纽约顶极同性恋圈子中的一员:他去大都会剧院,渴望拥有那些富于欧式趣味的上流人士所定义的同性恋者的身份,尽管他们中的一些人根本看不起他——认为他无教养,出身于不体面的工人阶级。(几年

---

① Art Director Club(ADC)成立于1920年,是世界上最早且最有影响力的设计行业协会,会聚了设计师、美术指导等美术领域的创意设计人才。

后，为了报复这些看不起自己的人，他回归平民主义，至少在表面上有些平民主义的样子，以对抗那些位高权重的男同性恋。）起初他试着和别人一起住，他的室友包括波尔斯坦，以及后来的一些舞者，20世纪50年代，他在75街东区216号一所公寓安顿下来，不久，他母亲搬过来与他一起生活，为他准备博洛尼亚三明治，抹上美乃蛋①（她母亲对美乃滋的称呼），配上番茄浓汤和蘑菇大麦汤，她晚上睡在儿子身旁的一张单人床垫上，这个房间里没有床或家具，却养了二十多只猫。母子俩过着俭朴的生活：他们在纽约的第一顿感恩节晚餐，是在一家沃尔沃斯超市（Woolworth）的柜台上吃的。朱莉娅还花很多时间收集一袋袋东西寄回老家。至于安迪，他在行人道上边走边抛洒鸟食，告诉朋友说他想让鸟儿长大。他遇见葛丽泰·嘉宝（Greta Garbo），把自己画的蝴蝶送给她，她却将画揉成一团，安迪拿回这幅作品并为它改名《被葛丽泰·嘉宝揉皱的蝴蝶》：这标题还是朱莉娅代题的。

20世纪50年代，安迪处理了一些身体问题。因为大学毕业时就已经掉了许多头发，他在1953年买了第一顶

---

① 原文是mayon-eggs，"美乃滋"的写法是mayonnaise。——编者注

假发,这一年他25岁。他打磨鼻子,结果令他失望——他原本希望成为名副其实的美人。为了使眼睛看上去更深邃,有一段时间他戴有孔的纸板眼镜装酷。1954年他还和一位朋友去健身房,但效果如何并不清楚。

安迪把他的工作分成两部分:一是商业订单,这一类工作他招募一些助手帮忙,他母亲也会参与其中;二是美术创作,包括手绘草图、手工上色版画、拼贴画(其中有许多使用金箔)和手工书。批评家们通常把安迪的创作分为20世纪50年代和60年代这两个时期:唱片、书封和广告设计是为了挣钱,而波普绘画和电影则是为了永恒。实际上,为他划分创作时代并不容易,因为即便是在进入波普时期的60年代,安迪仍然继续商业创作(不过是秘密进行的);更因为1968年后,他明确地为了利润而恢复了定制项目,称之为"商业艺术"——尽管他继续把它们当成美术作品出售。讽刺的是,他在20世纪50年代创作的大量绘画和手工书——为满足画廊、礼品行业、个人消费、社交以及职业发展的需要——比他的波普绘画更容易落入美术创作传统的窠臼,而在波普绘画中,他则假装尽可能地践踏美学规范。事实上,和20世纪60年代左右真正成为美术家的安迪相比,他在50

年代更像是个美术家（如果我们要求美术创作中有手工痕迹）。许多观众倾向于摒弃或贬低安迪50年代的作品，特别是他的裸体"男孩"（其实是成年男人）速写或名人鞋子的金箔画，因为与弗朗兹·克兰（Franz Kline）、杰克逊·波洛克（Jackson Pollock）、威廉·德·库宁（Willem de Kooning）和弗兰克·斯特拉（Frank Stella）等艺术家的硬标准相比，安迪的这些早期作品看起来伤感、柔软，像小猫似的——这说明理解"安迪纸袋"的第一步是彻底弄明白他所谓的"pussy"①究竟是什么意思。

他死后出版的《日记》（*Diaries*）中，"猫咪天堂"（pussy heaven）这一表达出现在1980年9月16日的日记开头：他想起那只他所挚爱的母猫的死，并说这哀痛从20世纪50年代到60年代一直折磨着他，仿佛波普艺术是在这只猫死后诞生的。他提到，他早就应该开始波普主义，他20世纪60年代的记忆与这只猫的死亡，构成了一种创伤，将他塑造成冷酷的、真正的艺术家。这只猫死亡之前，他有感情。那之后，他戒除了感情。这则记录以描述一次由一帮"老家伙"（old bags）出席的派对

---

① pussy在英语中有"猫咪"和"私处"两种意思。

开头。那时安迪只有五十二岁,但是他感觉自己也像个老家伙(他父亲五十五岁去世)。在那场派对上,安迪认出了一位取了个女人名字的男人——贝蒂(Bettie)。他说:

> 我见到了贝蒂·巴恩斯(Bettie Barnes),是他害死了我的猫。他是个男的,但名字叫B-E-T-T-I-E,贝蒂。我曾经给了他一只小猫咪,但它总是叫,我想它需要母亲,所以把母猫也给了他。当时我妈妈和我已经送走了二十五只猫,只剩下这两只了。这是20世纪60年代初的事。之后他将我送给他的这只母猫带去做绝育,结果它死在了手术刀下。我亲爱的赫斯特,它去了猫咪天堂。从那以后我总是自责。那就是我们应该创立波普主义的原因。也就是那时,我放弃关爱,也不愿去回忆那件事。我只知道,要是我自己带它去做绝育手术,它一定会活下来,但是贝蒂任由它死去。

按照他的讲述,在猫死在手术台上的同时,他的温情也因之消失;或许,猫咪"赫斯特"的名字取自赫斯

特·白兰（Hester Prynne）——她是《红字》(*The Scarlet Letter*)的女主人公，胸前有个红色的字母"A"，那是安迪最爱的"A"。贝蒂·巴恩斯这个没有感情的男人，毁灭了安迪的母猫，从而封冻了安迪的心。"猫咪天堂"——一个不友善的、滑稽的短语——听起来像是厌恶女性的人称呼妓院或后宫的黑话，在那样的地方，作为同性恋的安迪几乎不可能感到自在。所以当安迪说"猫咪天堂"时——嘲弄地、故作天真地假装"猫咪"一词只是指猫，与阴道或女人气的男子无关——在那里，他让朱莉娅·沃霍拉和他们的爱猫获得重生，它是强烈感情的所在，那里没有波普主义，它是使猫被阉割致死的麻醉剂。

在安迪飞向"猫咪天堂"的路上总是少不了他母亲的帮助，因为20世纪50年代以后，他们生活在一起，周围满是臭烘烘的猫咪。（然而一位朋友声称猫并不散发臭味，沃霍拉夫人也是一个"讲究的主妇"。）小猫具有性感和美感双重意味：它们为安迪的机械复制的艺术品带来悠然自得的范式。1951年年初，安迪用打印机写了些小情诗作为明信片（也许从未寄出）给黑山学院（Black Mountain College）的印刷商汤米·杰克逊（Tommy Jackson）。在这些小情诗里，他提到一只猫，可能是赫斯

特:"我的小猫要生宝宝了","我的小猫躺在我两腿之间"。安迪有一只猫咪,这一想象驱动着他巨大的生产力。

猫咪是朱莉娅和安迪共同设计的两本书中的明星。书籍,作为一种载体,出现在沃霍尔艺术生涯的每一个阶段,对他来说,书籍也几乎具有与绘画同等的重要性;20世纪50年代,他制作了许多对开装订本手稿——古怪、出类拔萃、独立出版的艺术作品。一般来说,印刷品的标准印数在两百册左右,不过他把每种书的印数压得很低,通常是暗含挑逗性的"69"册,以讨好受众;他拿它们赠送朋友、艺术总监和编辑,这样他们就会记住他的杰出才能,给他活计。第一本关于猫的书是1954年印刷的《25只名叫山姆的猫和一只蓝色小猫》(*25 Cats Name Sam and One Blue Pussy*);这本书的文字,是他的密友查尔斯·利桑比(Charles Lisanby)撰写的,文中山姆(Sam)出现了十七次,而重复最多的是短语"一只蓝色小猫"(One Blue Pussy)。所有的山姆猫都用马丁博士(Dr. Ph. Martin's)浓缩染料涂成深浅不同的色度(红、粉、橙)——由安迪那些英俊的男性朋友组成"染色派对"来为画页手工上色。"小猫"(pussy)涂成蓝色,是因为它忧伤——在一个由许多相同的山姆组成的世界里,这

只无名的、涂有独特色彩的猫咪孤独地排在最后。"Sam"（山姆）看似像"Same"（相同）一词少写了一个字母，而"Same"这个词不仅指明了安迪的性取向（同性之爱），也准确地解释了他成熟期的艺术作品所采用的技法（复制相同的图像）。事实上，朱莉娅管他们所有的猫都叫山姆。她亲笔书写了整本书的文字，自然要为把"Named"错拼成"Name"负全责（*25 Cat Name Sam*），这个错误也透露出"朱莉娅 & 安迪"纸袋（Julia-and-Andy Paperbag）之命名过程的古怪特性。这古怪特性也延伸到"银色工厂"（Silver Factory），在那里，超级明星们为他们自己取了艺名，也是在那里，工作室的管理者比利·林茨（Billy Linich）被称为比利·内姆（Billy Name）。沃霍尔享受着这种神奇的随意命名法——无论是对品牌（金宝汤、亨氏、布里洛）、动物（赫斯特、山姆），还是对人（安迪纸袋、国际丝绒）。

第二本关于猫的书，《神圣猫咪，安迪·沃霍尔母亲作》（*Holy Cats by Andy Warhols' Mother*）（所有格符号"'"放错了位置，弄成了安迪·沃霍尔的复数形式）于1957年出版——大约一年之后，朱莉娅以"安迪·沃霍尔母亲"之名获得了"艺术总监俱乐部"奖，以表彰她为威

望（Prestige）唱片公司①的专辑《月狗传说》（*The Story of Moondog*）设计的封面。在《神圣猫咪》的献词页，她以隽秀的字迹写道："这本小书献给我的小赫斯特，它去了猫咪天堂。"尽管安迪后来声称赫斯特死于20世纪60年代早期，但事实清楚地说明它死于1957年；它的离去，像所有安迪遭受过的苦痛一样，时不时地在他心头掠过。按基督徒的信仰来看，赫斯特可以重复死亡——每次安迪想到没能自己带它去做绝育手术，它就殉难一次。赫斯特只有一个，山姆却有许多：朱莉娅之所以容忍或欣赏安迪的性趣味，也许正是因为，对她来说，喜好同性的家人也好，千篇一律的"山姆"也罢，早已见怪不怪。

朱莉娅是否知道安迪是同性恋？如果知道，她在意吗？她写出《神圣猫咪》的文字——即便不是她原创——因此我们可以将其看作是她对安迪性趣味的认可，她将快乐的祝福赐予每一次性行为。书里宣传了猫咪天堂的魅力："在那里，有些猫咪爱它（赫斯特）/有些不爱它/……有些白天喜欢它/有些夜晚喜欢它……有些同母猫说话/

---

① 1949年由鲍勃·韦恩斯托克（Bob Weinstock）创立于纽约，从公司成立一直到1971年被FANTASY收购为止，22年的时间里，公司积累了数量极为惊人的爵士乐录音，堪称爵士音乐史上的经典瑰宝。

有些自说自话 / 有些知道自己是猫咪所以根本不说话 / 有些同母猫玩耍 / 有些同公猫玩耍 / 有些自娱自乐 / 有些不跟谁玩耍……"安迪与男孩子玩,也自己玩;有时候不跟人玩。朱莉娅和安迪看重"自娱自乐",视其为猫咪行为中高压、合法、具有乐园性质的层次——这是一种自我陪伴的伦理活动,与真正意义上的孤独仪式,即不与人玩相比,它更友好、亲密。

20世纪50年代,安迪身边围满了男孩。他所征服的人让我好奇他是如何赢得这些俊美男孩的友谊的,以及他为什么觉得他们不可或缺。物以类聚,漂亮的人和漂亮的人聚在一起。安迪又是如何闯进去的?作为一个天生的倾听者,他知道如何去逢迎吹捧;他也已经是一位鼎鼎大名的商业艺术家了;他顽童般的外貌总能激起他人保护的冲动。而且他懂得美的物理学:他知道自己外貌上的平庸是其他人俊美容貌的神秘基础,就像陆地要依据海洋而知道这是陆地,德国要依据法国而知道自己是德国一样。由于被美貌男子环绕(后来也被美女包围),他开始仿效他们,借用或占据他们的光芒;很难想象安迪身边没有绝顶漂亮的人物出现,他(她)们的容貌与他的容貌发生了互换,好像他们的存在只是为了衬托、陪伴安

迪。沃霍尔寻求毗邻，一种与某人相邻而立的状态：与美人为邻，就可以进行身体的调换。

在安迪与之站在一起并希望加以仿效的漂亮人物中，排在首位的是杜鲁门·卡波特（Truman Capote）；沃霍尔在纽约的首次艺术秀即以这位年轻小说家的画像为主题，沃霍尔还试图与他见面，不过只见到了这位小说家喝得醉醺醺的母亲。沃霍尔被卡波特的肖像迷住了，那是印在其所著的小说《别的声音，别的房间》（*Other Voices, Other Rooms*）封底的一张照片——照片中是一个女子般柔顺的青年男子；那姿势，可划入出版史上同性爱欲之间最具挑动性的作者照片之列，专为吸引像安迪这样直面诱惑的粉丝。

安迪不可能征服杜鲁门，但是他找到了一群男朋友。安迪与其中某些男子的关系也许并没有都达至完满——无论"完满"这个无谓的标准意味着什么。（我无法弄明白"安迪的男朋友"的角色定位。如果涉及性，是何种性质的性，到什么程度？）安迪的首席情郎是忧郁的摄影师爱德华·瓦罗维奇（Edward Wallowitch），安迪后来称他为"我的第一个男朋友"。他们一起参加派对，为其他客人拍照——这是安迪 54 工作室（Studio 54）俱乐部

快照实践的伏笔。瓦罗威治拍舞台上的儿童,这些照片会被安迪在速写中重新利用——这些速写当中有些还出现在他1957年用金箔创作的《黄金书》(*A Gold Book*)中,这本书的封面上画着一个与詹姆斯·迪恩(James Dean)一样的人。在瓦罗威治之前,安迪还跟查尔斯·利桑比有短暂的交往,利桑比是个英俊不羁的布景师,他是塞西尔·比顿(Cecil Beaton)的合伙人,朱莉·安德鲁斯(Julie Andrews)的朋友。利桑比曾在1956年与安迪一起环球旅行[在柬埔寨,安迪给一幅速写上加了"Ankor Wat"和"A. W."的标题,让这两个大写首字母同时拥有吴哥窟(Angkor Wat)和自己的名字(Andy Warhol)这两重含义]。显然,利桑比在这场旅行中伤透了安迪的心——他拒绝与安迪发生性关系。另一位男朋友,是在纽约公立图书馆图片部工作的卡尔·阿尔弗雷德·维勒斯(Carl Alfred Willers,也是位 A. W.)。他大概是安迪第一位真正意义上的情人,也为安迪提供了艺术素材。另一些俊男包括安迪找来参加着色派对,并和他一起逛"奇缘3"的男伴——"奇缘3"是一家结合了餐饮和时装的时尚餐厅,位于上东城(Upper East Side),安迪曾在那里展出他的蒂芙尼灯中之画。一天下午,安迪坐在"奇缘3"

里为这家店的老板斯蒂芬·布鲁斯（Stephen Bruce，他光滑、完美的皮肤与安迪恰成对照）画了一系列速描——为夜晚的生意做准备——并把那本速描命名为《你的剧本，S. 布鲁斯 2:30—4:00》（*Playbook of You S. Bruce from 2:30 to 4:00*），在为安迪摆姿势的布鲁斯仿佛上演了一场独角"戏"——朱莉娅在《神圣猫咪》中用"戏"（play）这个词描述"猫咪天堂"里的事，"猫咪天堂"是一个虚构的地方，安迪的一帮男友把它改造成了居所。（布鲁斯形容安迪的举止如"舞蹈"。）他追求的另一些俊男包括他画里的人物：舞蹈家约翰·巴特勒（John Butler），沃霍尔 1954 年或 1955 年曾在阁楼画廊（Loft Gallery）展出他的速写，他也是沃霍尔"一本男孩书的研究"（Studies for a Boy Book）中描绘的对象，这件作品 1956 年在戴维·曼（David Mann）的博德利画廊（Bodley Gallery）展出。被戏称为"鸡鸡画"①的系列作品（是为一本计划中的"鸡鸡书"而准备的）在他生前没有展出过。这些以极精练精美的线条画成的作品，证明安迪的审美目标是纪实；他想记录身体的在场——从纸上捕捉到那令人欣慰的符号，

---

① 原文 cock drawing，即以阴茎为描绘对象的画。

即这被注视的脸、四肢,以及身体部位确实存在。艺术评论家把这样一个符号称为"索引"——主体现实性的证据,通常以通过拍照留下印痕的形式出现。安迪的"鸡鸡画"并没有与生殖器的"索引"关系——它们不是快照。然而它们为安迪的欲望提供了索引——证明他想画下半身,证明他在房间里见证了那个部位的展露。

"鸡鸡画",就像"猫咪天堂"里没完没了地自娱自乐的猫和天使一样,从不停止欲望,欢愉的事件也就成倍增加:多情的观众会尊重那种为渴望的目标建立档案的性冲动,他们会理解,每个身体都需要被记录,因为每个男人都拥有个性化的细节——胳膊上汗毛的分布,鼻梁的坡度,嘴唇的饱满度。安迪画"鸡鸡",所以他可以跟他们搭讪而不必和他们上床。20世纪50年代,他频繁地问一些俊男是否愿意让他画他们的阴部,很多人都同意了。有时候他会当着另一个男人的面画某个男人的阴茎,在画的过程中会发生"三人行"的状况,而安迪的角色仅仅是看和画。罗伯特·弗莱舍(Robert Fleischer)是20世纪50年代伯格道夫·古德曼(Bergdorf Goodman)百货公司的文具买手,他给安迪做过模特。在接受帕特里克·S.史密斯的采访时,他这样描述那些经历:

安迪爱画模特素描,爱画极亲密的性行为。千真万确!安迪画过好几次我们性交的场景。安迪会变得非常、非常兴奋。他不会直接加入,但他爱看。他经常想画我的裸体,看我勃起的样子,但他从未真正触碰我。而且,我认为我确实从未真正有让他或引导他(碰我)的想法,或(让他觉得)我对他有性方面的兴趣,因为我没有。有一次,他说他看到勃起的男人就浑身火热,还说他自己不可能有性高潮。但是那天他开始脱衣服。"如果他只穿着内裤画,可不可以呢?"然后他真的脱得只剩内裤。我当时真的被弄得不知所措。这在某种程度上证实了我那时对安迪个人爱好的猜想。

(弗莱舍提到,安迪"不经常洗澡,"可能是因为浴缸"储满了用来浸纸的颜料和水"。)传记作家弗雷德·劳伦斯·吉莱斯(Fred Lawrence Guiles)声称,安迪和他的朋友特德·凯里(Ted Carey)——安迪和他曾在1960年委托费尔菲尔德·波特(Fairfield Porter)画了一张双自

画像——安排了一些"三人行",其间特德和一个同伴做爱,安迪为他们画速写。最初几次作"鸡鸡画"时,随着动作越来越激烈,安迪乱了方寸,落荒而逃(有个参与者说,安迪尖叫:"我受不了了!");伙伴们回忆道,那情形就像20世纪70年代拍摄裸体宝丽来快照时一样,安迪会消失片刻,退到洗手间去给自己爽一把。

安迪色情画的对象并不只是阴茎,他还用线条描绘脚或身体的其他部分,有时将其与寻常或特异之物放在一起,比如塞缪尔·巴伯(Samuel Barber)的歌剧《凡妮莎》(*Vanessa*)的总谱:在一幅没有标明创作时间的素描中,沃霍尔把一双脚与一罐坎贝尔蔬菜牛肉汤搭配在一起。这形象来源于朱莉娅的食品柜——她给安迪喝了好几年坎贝尔汤。20世纪60年代,安迪创作了坎贝尔汤罐头油画和丝网画,这个系列作品使他成名,这些作品通常被诠释为对机械化大生产的批评。然而,替代和其他隐喻过程也是他选择坎贝尔罐头作为题材的动机之一,罐头图像与他的情色欲望有关。实际上,在沃霍尔的作品里,罐头延续着"鸡鸡画"的任务,因为罐头影射带有性欲的身体,也形象地暗示四肢与身体的分离:就像画中的脚是与身体分离的,或其"鸡鸡画"中的阴茎也有与脸和躯

干相对隔离的特点，罐头也是与进食行为相疏离的——但谁都知道它是可以购买的商品。罐头上最引人注意的字——人眼总会忽略它——被浓缩了："坎贝尔浓缩制品"。浓缩是梦和无意识所具有的特性；汤罐头（安迪的癖恋之物），浓缩了安迪无法言说的内心活动，同时赋予了其内心活动展示橱窗般的吸引力。"罐头"（Can）的意思是"屁股"（ass）。（"他有个漂亮的屁股"／"He's got a nice can！"）安迪20世纪50年代的广告设计经历，能让他将从中获得的知识悄然转化为销量，就像万斯·帕卡德（Vance Packard）在其《隐藏的说服者》（*The Hidden Persuaders*，1957）一书中说的那样，引发了商品的销售。"安迪纸袋"喜欢容器——罐头、袋子、纸盒——其意图是让人无从知道里面到底有没有东西。他的亨氏番茄酱从没有实际倒出过。从没有谁的手摸到他袋子的底部。

20世纪50年代，沃霍尔专门从与脚相关的工作中获得巨额报酬。他最成功的广告图像是为米勒（I.Miller）鞋店创作的，这幅作品是他在《纽约时报》每周一次的有奖竞赛活动中提交的。他画的脚和鞋如同脊髓般光滑。此外，他还为独立鞋楦（木制鞋模子）作图绘和装饰，创作了金鞋系列。金鞋系列于1956年12月在博德利画廊

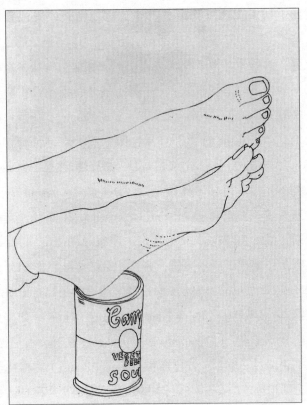

图 3:《脚与坎贝尔汤罐头》,20 世纪 50 年代。圆珠笔线稿。17×137/8 英寸。图源:安迪·沃霍尔视觉艺术基金会,纽约;安迪·沃霍尔博物馆,宾夕法尼亚州匹兹堡;创立收藏、捐赠暨安迪·沃霍尔视觉艺术基金会有限公司,2001 年。

对汤罐头的迷恋凝结了安迪难以言喻的心理活动。

展出［请柬上由朱莉娅手书"金色拖鞋秀或美国鞋鞋（秀）"］[1]，1957年初《生活》（*Life*）杂志以"疯狂的金色拖鞋"为题为其做了专题报道。他随意地用一众名人的名字为自己笔下的鞋取名——猫王埃尔维斯·普雷斯利（Elvis Presley）、凯特·史密斯（Kate Smith）、莎莎·嘉宝（ZsaZsa Gabor）、杜鲁门·卡波特、梅·韦斯特（Mae West）、朱迪·嘉兰（Judy Garland）、黛安娜·弗里兰（Diana Vreeland）、赫莲娜·鲁宾斯坦（Helena Rubinstein）、克里斯蒂娜·乔根森（Christine Jorgensen）、朱丽叶·安德鲁斯（Julie Andrews）——真是一座香泽国里的众神殿。沃霍尔还制作了展示图册，名为《追忆似鞋年华》（*A la Recherche du shoe Perda*）；每一幅"鞋画"还配有由朋友拉尔夫·波默罗伊（Ralph Pomeroy）写的"鞋诗"，如"艾丽斯B.鞋自传"（*The autobiography of alice B. shoe*）。不管他是否读过马塞尔·普鲁斯特（Marcel Proust）和格特鲁德·斯坦因（Gertrude Stein）的作品，安迪都声称自己是他们的同路人。

---

[1] 朱莉娅手书原文为"the golden slipper show or Shoes shoe in america"，其中有拼写错误和首字母大小写错误。"shoe"应为"show"，"america"应为"America"。

1956年他手工制作的《在我家花园的尽头》(*In the Bottom of My Garden*)是第二本描绘"猫咪天堂"的书——那里有大天使（angel）、小天使（cherub）、水手、猫咪、贵妇和其他一些在游戏的动物。其中有一幅图，一只小猫蜷缩在一个小女孩的衣服口袋里——口袋在裆部的高度——我们只看到猫咪粉嫩的小脑袋，图下的说明文字是："你看得见我的小猫吗？"他用文字"the End"（结尾）装饰一个一个背对观众的小天使的屁股；在空白的断隙处，这最后的小天使在观察一个小女孩天使和小男孩天使拥抱。（被暗中观察的男孩的阴茎和睾丸只是一条歪扭的波形线。）我们无法判断，那个形单影只的小天使——他那用线条勾成的臀部曲线形成了沃霍尔风格的（Warholian）"W"——是不是干扰了男孩与女孩之间爱的嬉戏，或他们是不是特意乱搞给他看？

安迪也许自己完成了"鸡鸡"组画——当然有写生模特的协助——但他雇用助手帮忙完成商业插图。他的第一位助手是维托·贾洛（Vito Giallo），从照片上看，就像个友善的"男同"[①]。维托的父亲是个有名的匪徒，这让

[①] 原文为 rough trade，俚语里指粗鲁的、强势的男性同性恋。

安迪很感兴趣——对特种犯罪行为的迷恋,孕育了安迪后来的许多项目,包括电影《伊薇特,再来点牛奶》(*More Milk Yvette*,1965),这部电影涉及了拉娜·特纳(Lana Turner)与匪徒约翰尼·斯托潘纳托(Johnny Stompanato;他被自己的女儿谢里尔所杀)之间的桃色丑闻(安迪在拉娜这个不再关心别人的假金发女郎身上看到了许多自己的影子)。在约翰·奥康纳(John O'Connor)和本杰明·刘(Benjamn Liu)的《看不见的沃霍尔》(*Unseen Warhol*)一书中,贾洛回忆起沃霍尔的热情是有限的:

> 安迪曾经参加"性课堂"。那儿有一个名叫瓦莱丽(Valerie)的女人,她男朋友是名水手。安迪说,每个星期三晚上,他都过去参加"性课堂"。他们教他如何做爱。我猜他们会向他展示自己会做什么,以及如何做,他则喜欢看。有一次他想让我与他同去,但我拒绝了,他感到很难过。这之后很长时间我都没有他的消息。

贾洛告诉我,自从他拒绝参加"性课堂"后,他就再也没有在社交场合见过安迪,虽然他们还继续在一起

工作。(贾洛觉得朱莉娅很可怜;她似乎没有任何朋友。他还记得:在安迪工作着的时候,电视开着。安迪并非没有吸引力,只是比较柔弱而已。)

沃霍尔发现,在招徕新商机的同时,他可以通过雇用助手工作而挣更多的钱。这之后,他的产出逐渐扩大;这便利的背后隐藏着一个洞见,即通过机器化生产和尽可能减少手工作业,艺术家的工作室可以转变成一个工厂,这个认识把他改造成了毕加索和亨利·福特的混合体。沃霍尔的作品尽管充斥着欲望,却没有饱含深情;这些作品无法触动人,因为除了线描,他几乎没有进行任何手工处理。他的广告作品和展示图册,用的是涂印技术,即丝网印刷的前身:他在一张纸上画,助手把他的画移写到另一张纸上,上色后再印到另外一张纸上。安迪可能会丢弃原始的底本而保留第三代印版。(所以,安迪本人也希望用人工的方式尽快越过第一代移民的印迹,这也是一种"涂印"——它是一道这样的工序,可以隐藏一幅画的"动人"之处,或者一个人感伤的血统——对安迪来说,这种作业方法也是他本人成功美国化的模式。)

贾洛是安迪的第一任助理;接下来的内森·格鲁克成了沃霍尔早期职业生涯中最重要的助手。安迪 1955 年秋

天雇了他，他们的合作一直持续到1965年。格鲁克轻声慢语又博学多识，可能是沃霍尔众多合作者中最温柔的一位。采访过程中，我真切感受到他身上某种老派的美好——一种与沃霍尔风格格格不入的友好；也许，如果安迪想变成像拉娜·特纳或亨利·马蒂斯（Henri Matisse）那样的神话，他得把"感情"藏在格鲁克身后。而如果采纳了这位助手的建议，安迪绝不会出名，因为格鲁克不喜欢波普绘画中的错位效果——以照片为基础的丝网版画图像与后来单独上的色无法对齐。格鲁克的品位趋向让·科克托（Jean Cocteau）、保罗·克利（Paul Klee）和安德烈·纪德（Andre Gide）。安迪去看戏剧前，格鲁克先为其讲解情节，尽管安迪会戏谑地错把《阿里阿德涅在拿索斯岛》（*Ariadne auf Naxos*）称为"讨厌的阿里阿德堡"（Ariadne obnoxious）。

格鲁克的作用是使沃霍尔在专业设计圈中得到认可，从而获得更多的订单；而且他满足于只做雇员，从不与老板有社交上的来往——除了在他和伴侣克林顿·霍金斯（Clinton Hawkins，邦威特·特勒百货公司的橱窗设计师）在合住的公寓举行的圣诞聚会。（今天，当我们重看他们的一张三人合照时，格鲁克指着安迪那意味深长、随意摆

放的手腕（这种角度，20世纪50年代的人会称其无力、女人气、软绵绵），说："这手腕非常安迪。"格鲁克让安迪摇摇欲坠的家庭观变得有所支撑，同时他也是最后一位与安迪在住所而不是工作室工作的助手：比安迪年长十岁的格鲁克，白天与朱莉娅待在家里，为素描重新上墨，制作艺术胶印章，构思广告，为鞋楦上色，听她对着安迪送的录音机唱捷克民歌，然后倒带回去自我演绎二重唱。早上，格鲁克听到安迪对母亲大喊："我的领带在哪儿？我的鞋呢？"看见安迪把长领带下端剪掉（而不是简单地重系一下以调整到合适的长度），并把剪下的一端放进一个盒子。（安迪对尺寸有着复杂的感情；他鼓吹尺寸的意义，但又常常被它困扰。）每天早晨，朱莉娅都要为安迪做整理：找到他的衣服，给他拿橙汁。格鲁克激发了安迪的收集兴趣，因为格鲁克的公寓（现在仍是这样）就是一个多元档案馆——面具、罐头食品、欧洲素描、亚洲和非洲的工艺品，甚至马桶芳香剂——我称之为"沃霍尔式"的宝库（如果"沃霍尔式"不是建立在"格鲁克式"的基础之上的话）。

安迪总能从与他共事的每一个人身上学到点什么，而从格鲁克那里可能是学得最多的；他了解到在20世

纪50年代的纽约,同性恋的趣味如何趋向累积和存档。在黯淡的麦卡锡时期,同性恋文化出人意料地在私宅内兴盛起来——在家里比在受警察威胁的酒吧和茶室更安全。私人公寓或联排别墅变成了约瑟夫·康奈尔(Joseph Cornel)"忧郁的盒子"(shadow box),一个玻璃陈列橱窗,一个从内向外翻过来的布里洛包装盒;同性恋们在家里以类似博物馆馆长般的热情积聚艺术品、清洁剂、面具、唱片和收据,这样的热情后来被沃霍尔转译成连续、重复性图像的艺术,以及收藏品(饼干罐、珠宝、超级明星、素描、装在硬纸盒里的时间胶囊),那是他的代表作、他构筑的牢笼,也是他为不朽做出的努力。沃霍尔成熟期的实践即仿效城市同志对"室内装饰"的拜物感情,如内森·格鲁克公寓内有序排列的物品,或斯蒂芬·布鲁斯餐馆的装饰。(安迪付费让"奇缘3"的员工在自己的公寓里重现了他们餐厅的装饰——早期的美国波普文物,一匹美孚汽油标志那样的飞马。)这些热衷室内装饰的人很多都没有成为知名艺术家,但是他们将自己的寓所改造成画廊、庙宇、手工制成的避风港和仓库。安迪20世纪60年代的工作室延续了这种50年代的先锋居家风格;"工厂"——一件环境艺术作品,一座活

的博物馆，它可以替代当代艺术博物馆及其他那些在安迪有生之年对他的实验不感兴趣的机构——拓展了他最初从有装饰意识的"同志"那里学到的"公寓哲学"。（确实，沃霍尔关注生理之"内在"，与他对建筑之"内在"的热情相呼应。）"工厂"里的这些人——如果他们不是更重要的、严格意义的观念艺术家和实验者——在这些被我称作"设计女王"的男人的陪伴下，在理解反常的性兴趣如何打乱公共空间与私人空间的界限方面，他们是先驱。从他们那里，沃霍尔学会如何采集，如何装饰，沙发该放在哪里，如何让银箔像壁纸那样增厚——他们的提示对安迪而言近乎一种"海洛伊丝窍门"[①]（Heloise hint）。（玛莎·斯图尔特应大大感激安迪·沃霍尔。巧的是，她最近买下了贾洛全部的古董收藏。）

安迪所挚爱的母猫赫斯特，在死于手术后去了"猫咪天堂"。从此之后，沃霍尔停止了关爱——然而他没有停止对"猫咪天堂"的关注。他想去复制它，他希望那是个真实的所在，有电话号码，有地址，还有来客记

---

① 指的是"Hints from Heloise"，美国优秀的生活管理专家、《好管家》（*Good Housekeeping*）专栏作家海洛伊丝对各种居家问题给出建议和窍门的交流栏目，受到广大女性热爱。

录。虽然安迪把"猫咪天堂"设想为一个带有漫画色彩的乌托邦场景——在一片满是鲜花、屁股、云彩的乐土,猫咪们永远在一起嬉戏——他希望证明这想象的真实性,就像变性人渴望手术。"猫咪天堂",最初是个浪漫幻想,却在20世纪60年代变成一座"工厂"。

六十年代

3. 银幕

安迪·沃霍尔是如何成为一名画家的？他自己编造的一个答案是："我九岁的时候患上了舞蹈症。我根据美宝莲的广告，画了一幅海蒂·拉玛（Hedy Lamarr）像。画得不好，于是我把它扔了。我意识到自己画不了画。"这油腔滑调的回应，掩盖了其隐蔽的严肃；他一向严重地答非所问。吊诡的是，沃霍尔不是个画家，尽管他会画画。

关于他如何成为——怎么说呢——一名画家的故事，机械而乏味，而且被人一而再、再而三地重复（戴维·布尔登的专著中讲得很好），以至可以像自动贩售机吐出金枪鱼三明治那样提供给人们。相比之下，隐藏在波普绘画后面的人际关系的故事，更具真情实感——那些在他的影片中鲜活起来的种种亲密。每一幅绘画，也是在展现一份情谊，透露一次互动，传递一则人际欲望的"快讯"。无论他的主题是浓汤罐头，一个"小心轻放—玻

璃—谢谢"标签，S&H绿券①，美钞，或"自己动手依数字填色"艺术套件，每件作品都在问：你渴望我吗？你会毁了我吗？愿不愿意加入我的仪式？每一幅图像，一边试图抵制死亡，一边让死亡用撩人的姿态降临。

20世纪60年代初，安迪·沃霍尔再次决定要当个画家。主题方面，他选择连环画、广告：大力水手（Popeye）、南茜（Nancy）、可口可乐（Coca-Cola）、迪克·崔西（Dick Tracy）、蝙蝠侠、超人——画面上有儿童时代的英雄，解渴的饮料，站出来对抗坏人且穿着奇怪披风的壮汉。他曾对巨星"紫外线"（Ultra Violet）②说过此类图标的一个缘起："我有两个性偶像——迪克·崔西和大力水手……有一次我母亲撞见我对着一张大力水手卡通画自慰……我想象自己与迪克和大力水手在床上。"他的困境——也许是假装内心矛盾？——在于，是要像表现主义那样，以颜料和明显的手绘方式描绘这些人物，还是快速处理，

---

① 一种商家优惠返点券，流行于20世纪60年代中期的美国。消费者在超市、加油站等处消费时得到绿票，凭票向发行公司兑换相应商品。S&H是Tomas Sperry和Shelly Byron Hutchinson姓氏首字母的缩写。
② 法国艺术家、演员伊莎贝尔·科利纳·迪弗雷纳（Isabelle Collin Dufresne，1935—2014），她是安迪全盛时代的工作室"工厂"众多巨星当中的一位。

3. 银幕

不带任何个性特征？他把画作拿给策展人和画商看，征求他们的意见，看看他的作品该向哪个方向发展——走向"情感"（狂野的笔迹），还是走向冷酷（机械化复制）。

其中一个顾问是制片人埃米尔·德·安东尼（Emile De Antonio），绰号"德"（De）。据沃霍尔和帕特·哈克特关于这段时期的回忆录《波普主义》记载，1960年的某一天（具体日期不确定），他给"德"看两幅表现可口可乐瓶的画，问他喜欢哪一幅。一幅是"一只可乐瓶，瓶身中部向上有抽象表现主义风格的条纹"，另一幅则"仅以黑白两色简约描绘了瓶身的轮廓"。"德"断言，表现主义风格的那一幅是垃圾，机械化风格的那幅才是杰作。于是多年来，沃霍尔都避免绘画的痕迹，而力求机器般的制作。

"波普"（Pop）一词不足以充分解释沃霍尔；尽管他在20世纪60年代早期将流行的、商业化的图像用于丝网版画制作，然而每一幅画都与他自己的身体和历史有清晰的联系。他从"波普"一词获益，但波普并不是他的信仰：他随意地把波普定义为一种"喜爱事物"的方式。作为20世纪50年代的商业艺术家，他的职责就是让大众喜欢他画的对象，喜欢到要去购买商品。安迪喜欢的

东西包罗万象：男人、明星、超市商品。他也总被各种充满活力、潇洒不羁的东西吸引——无论是广告还是事故，也无论其令人兴奋或让人受伤，只要能吸引眼球，他都喜欢。这类意象也包括灾难，于是他画汽车残骸、电椅、种族暴乱：你无法忽略这类景象，因为它们唤起了诡异的迷恋——弗洛伊德所谓"诡异的"（unheimlich）。沃霍尔欣赏一切能够即刻识别的图像，而从不考虑其价值。1963年，他开始戴银色假发，他自己的外貌（见于其自画像）因此而获得了波普作品所要求的那种瞬间可辨识性。

因为对自己的外貌感到自卑，或是希望像舞台表演那样带来一种不真实的感觉，当伊万·卡普（Ivan Karp）1961年前来拜访时——他替里奥·卡斯特里画廊（Leo Castelli Gallery）做侦察工作——安迪戴了一张戏剧面具。卡普还记得这位艺术家在工作室里一遍一遍大声播放迪基·李（Dickie Lee）的歌《又见琳达》（*I Saw Linda Yesterday*）：安迪表示，他理解不了音乐，除非让音乐在他耳边重复轰鸣。有一天，时任大都会博物馆副研究馆员的亨利·戈尔德扎勒（Henry Geldzahler）陪同伊万来访；亨利将成为安迪的一个坚定盟友，尽管他后来因为没有接纳安迪参加1966年威尼斯双年展而与之疏远。来自旧

金山费鲁斯画廊（Ferus Gallery）的欧文·布卢姆（Irving Blum）和沃尔特·霍普斯（Walter Hopps）也拜访了安迪，并最终为安迪办了首次绘画个展。

然而，起初并没有人接受他的画或为他办展览。里奥·卡斯特里画廊已经代理了致力于漫画创作的罗伊·利希滕斯坦（Roy Lichtenstein），而且卡斯特里认为有一个波普艺术家就足够了。安迪画作的首次展出不是在画廊，而是在邦威特·特勒（Bonwit Teller）百货公司的橱窗里。那是1961年4月：他用这一姿态确认自己向商业和艺术领域的双重归属——虽然评论家们很介意这种分裂，但他自己并不当回事——并且证实了他的作品可以栖身于服装店，也即那些有着浓重装饰风气和拜物趣味的女子百货商店。

和安迪如何成为一个画家，或为什么他选择画漫画和商品图像相比（也许照他的算计，这些美国商品和图标是较容易被接受的大众趣味，而他50年代所画的那些裸体男子和鞋只受小众的青睐），更让人奇怪的是，为什么他最终成了个画家？他一直想表达自己的身体，让这种表达按照画好的样子从丝网中漏出；他一直想成为"纯"（古典的）艺术家，只不过一直在静待机会而已。他的速写和画册受众有限；他清楚，相较于商业插画师或小众

画手而言，画家更为著名。他从艺术圈中的先行者和身边人那里汲取灵感——杰克逊·波洛克（Jackson Pollock）40 年代后期在《生活》杂志击起层层浪花，同辈的贾斯伯·约翰（Jasper Johns）和罗伯特·劳申伯格（Robert Ranschenberg）当时刚刚成名。安迪买了一幅约翰所画的灯泡画，渴望得到约翰与劳申伯格这对地下情侣的注意。正如安迪在回忆录中承认的那样，他的举止过于古怪，难以隐藏其同性恋取向；德·安东尼奥告诉他，约翰和劳申伯格之所以在聚会上回避他（还在背后嘲笑他），因为他太娘娘腔了，他那同性恋特有的行为对两位大男人事业的成功构成了威胁。为了赞美劳申伯格拥有自己不具有的那种气质，安迪在 1962 年和 1963 年为他制作了两幅丝网版画。其中一幅题为《现在让我们来赞美名人》（*Let Us Now Praise Famous Men*），在这幅画里他将劳申伯格描绘成英雄式的艺术家，强健有力的先驱、白手起家的男子汉的缩影——一位牛仔，或至少像一位怀着梦想的农夫。最终，劳申伯格与沃霍尔总算勉强相识了（两人在 70 年代的拥抱照透露出他们彼此的好感有限），而沃霍尔此时的声名（虽然不是他在有影响的艺术评论家之中的声誉）也盖过了波洛克。沃霍尔决心成为一名画家，压

根儿就是想去打破波洛克神话——证明在艺术界走红就如同性之间的风流韵事：他要做的一切，不过是往地板上滴洒颜料，在谷仓里穿着T恤和卡其布衣服摆造型！希望"像"某个人的愿望——成为"像"波洛克那样的画家——是一个寻求相似、模仿的工程：不想成为大师，只想"像"一位大师，从而掌握优势。

20世纪60年代早期，赏识波洛克的是弗兰克·奥哈拉（Frank O'Hara），一位神情冷漠而情绪紧张的诗人，纽约现代艺术馆（MoMA）策展人——早在1958年，纽约现代艺术馆就声称对沃霍尔不感兴趣，拒绝了他捐赠的一幅鞋画。沃霍尔心仪并嫉妒这些富有魅力的同性恋知识分子——劳申伯格、约翰，以及他们中的核心人物奥哈拉——他尝试向奥哈拉献殷勤，尽管奥哈拉一直不喜欢他的作品，直到其1966年意外早逝之前约一年的时候才转变态度。据奥哈拉的传记作者布拉德·古奇（Brad Gooch）所说，沃霍尔寻求这个精明的同性恋圈子的青睐："沃霍尔送给奥哈拉一幅对他的阴茎的想象图；奥哈拉恼怒地将之揉成一团，扔得远远的。"（这让人想起嘉宝，她也把安迪的一幅画揉成了一团。）沃霍尔想画奥哈拉的脚，这位诗人也谢绝了。

安迪作为艺术家开始有所突破是在1962年,这当然与奥哈拉没有一点关系——我倒是希望奥哈拉生前对这位脸色苍白、缺乏文化修养的"纸袋先生"多些宽容,因为他的艺术与奥哈拉的佳作,如《拉娜·特纳崩溃!》(*Lana Turner has collapsed!*)和《致危机中的电影业》(*To the Film Industry in Crisis*),气质如此相近。1962年8月,安迪开始制作照片丝网版画,从画一位棒球运动员开始,然后是演员特洛伊·多纳休(Troy Donahue)和沃伦·贝蒂(Warren Beatty)。(尽管他的伊丽莎白·泰勒和玛丽莲·梦露肖像为其赢得了最高的名声,但实际上男性先于女神出现在他的丝网画作品中;他的女神——不是本质意义上的女人——其实是年轻男子。)8月5日,玛丽莲·梦露死于服药过量,就在第二天,安迪用丝网画再现了她充满渴望的脸。已逝的梦露,乞求有尊严地(轻拿轻放)被复制。安迪认为,玛丽莲只需要,也只该用她自己的肖像——批量复制或单独出现的"死囚"的脸——来表现,在这个没有信仰的、孤独的金色区域。安迪还开始用丝网画表现死亡:他已经画过一场灾难——显然是戈尔德扎勒的建议——描绘的是1962年6月4日《纽约每日镜报》(*New York Mirror*)的头版,标题是《129

人死于空难》(*129 Die in Jet*)。

丝网印刷允许安迪挪用图像——如宣传照片、剪报。曾有一家商店把沃霍尔所选的一张照片的底片印到网版上,沃霍尔和助手运用推涂技术通过这张网版在画布上制成正片。有时候他先手绘着色区,或是为整个画布涂上底色,然后在上面印上图像。丝网印刷消除了"动手"的必要性,比绘画快,也更容易;丝网印刷削弱(且侵犯)了摄影"描绘真实"的主张。同时,丝网印刷要求一种历史性的视觉智慧的新变化——也许这是一种属于设计师或导演的视觉智慧,而不是传统画家的视觉智慧。安迪有"遥感术",知道什么主题是值得复制的;他拥有突破常规的奇想,知道哪些惊人的颜色能为无趣的黑白图像加分或与之冲突,什么样的蓝色、红色或银色有权证实、认可凝视这些色彩的自我;他清楚地知道,用怎样荒唐的节奏重复图像可以令已被接受的真理陌生化。他疯狂迷恋隐患和缺陷——那些丝网脱落或被颜料堵塞的地方,那些图像留下污渍或未涂满的瞬间,或是某个地方一处图像偶然出现重叠,并影响到另一处图像的清晰度。安迪最早期的波普作品是通过晒印或镂空版加手绘制作而成的,但是在丝网印刷中他欣喜地发现了一种制作绘画作品的

捷径，而这种画作实际上是用非常规手段进行变换，制作虚拟照片——跨越安全边界，在不同媒介间"走私"。

丝网——隔板——构成安迪自己和观者之间的距离。从字面上看，丝网是网状物、织网、迷宫和纵横交错的网眼，由丝线（精致服装的材料，特别是女性服饰的材料）构成；因此，他所钟爱的丝网是结界和魅力的构造物，介于蛛网和寡妇的面纱之间。20世纪50年代，安迪曾经彩绘折叠屏风，其中一道是与他母亲合作完成的：这道屏风的边缘装饰着数字一到九，似乎是要教学龄儿童识数。一道代替墙体的屏风后面，可能隐藏着某个正在宽衣的人的身体；人们可以想象安迪在曲折的屏障背后更衣的样子。屏障，就像隔在性情暴躁的房主之间的栅栏，有助于维持友好的邻里关系。对信息不加筛选的安迪（文字和图形泥沙俱下般涌进他的意识）钟爱丝网，因为丝网是他未经确诊的知觉过敏体质的解药。丝网本身很重，拖过画布时挺吃力，安迪因此需要助手。丝网印刷的工作类似举重：一种精干的身体运动。对安迪来说，他做艺术可谓别有用心，可以通过观看健壮的助手工作获得快感。助手也仿佛安迪的屏风：两人一起把颜料挤过网眼，这让他们的关系比其他情况下艺术家和协作者之间的关

系更近。艺术掩护了他们的亲密。

1962年,安迪在洛杉矶费鲁斯画廊举办了他的第一次个展(他本人没有出席):展出了三十二件独立的坎贝尔浓汤罐头作品,每幅画上只画一瓶罐头,一瓶罐头一种口味。所有的画一模一样,只是标签上的文字不同而已。差异存在于语意和味觉层面,而与视觉无关:奶油芦笋汤不是奶油芹菜汤,豌豆汤也绝非青豆培根汤。这一系列作品表现出的死气沉沉,让安迪名声大噪——新闻杂志把波普艺术奉为时尚。同一年,他在埃莉诺·沃德的马厩画廊(Stable Gallery)①举办他的第一个纽约画展:展出了玛丽莲·梦露肖像、猫王肖像,以及灾难主题的作品。安迪在同时创作两类图像——明星和灾难。这两者往往交叠在一起:引起安迪兴趣的是那些已逝的明星(如玛丽莲·梦露),悬在死亡边缘的明星(如伊丽莎白·泰勒),遭受死亡袭击的明星(如猫王遭枪击),又或死于亢奋而让作为观者的安迪感到恐惧的明星。无名人士的死亡也让他着迷,因为他相信,人们应该关注那些升斗小民,稍许给他们些名声。对沃霍尔来说,"出名"仅仅

---

① 纽约的马厩画廊,由埃莉诺·沃德于1952年创立,1970年关闭。其址在58街第7大道,原为马厩。

意味着受关注，被聚焦，被照亮；给予名声就是施舍，如同喂养一个弃儿。安迪的目标是使每个人都出名——一种"普遍主义"信条，这是安迪修正版的"共产主义"。他坚信自己是"普遍主义者"，而非波普主义者——他想使迷人的圣餐变得让全世界缺乏名气的领取者触手可及。

1963年，沃霍尔已经将自己打造成一位画家，然而如果他仅仅做一名画家——这种职业从未引起他全心全意的关注——他的故事就不那么有戏剧性了；长期以来，公众对他有个误解，即认为他就是个画画的。1963年，他冒险进入了另外两个领域。首先是一个空间的、互动性的领域：他创建了自己的第一个"工厂"（Factory）——兼具画室、会客厅、文化创意实验室的功能。第二个领域是电影：他买了一台16毫米镜头的博莱克斯（Bolex）摄像机，拍摄了他的第一部电影。尽管在20世纪60年代末安迪就实质性地停止了电影制作，而终其余生继续画画，但是对于美国艺术史来说，他的电影与其绘画同样重要，值得同等的尊重。1972年，他将影片退出流通，此后二三十年，这些影片离开了公众视野。如今它们正经历系统性的恢复。未来的岁月里，随着更多的人观看这些影

片，安迪作为电影制作人所取得的综合成就，将挑战只把安迪视为画浓汤罐头和名人的画家这一太过局限的认识。

这些影片即"工厂"的遗物，是一众名人来到这座阁楼的借口；他因此能够吸引各类怪异之士（潜在的演员）来到他的居所。通过筹办一件空间艺术作品——"工厂"，一个探讨误解、活人画①、表现癖和歇斯底里症的作坊——并确保作坊里发生的一切被摄影师充分记录下来，沃霍尔证实了他真正爱的不是纸或布上的二维艺术，而是三维或更多维媒介的表演活动。

在一本笔记（没有日期，可能流传自20世纪60年代末，如今存放在沃霍尔博物馆中的一枚时间胶囊内）中，安迪以时断时续的词语和图像做了记录，他在思考如何推动艺术超越有形的人造物。其中一处标记是"iliminate ART"——他那潦草的字迹似乎介于"eliminate"（消除）和"illuminate"（照亮）两个词之间。他希望有一种艺术，能丢掉炫目的表面，从而照亮不可见的、未被盲目迷恋

---

① 法文"tableaux vivant"，日文译为"活人画"，中文有时译作"真人静画"。指以真人重现名作为特点的作品，不仅包括对绘画的演绎，也有对雕塑、文学的演绎或对历史场景的重现。一般会由若干演员组成持续数十秒的静态画面，有时搭配形式不一的道具、化妆、音乐和灯光等辅助效果。

的内在；同时，他还希望"消除艺术"（eliminate ART），就像人排出体内的秽物。"工厂"消除了艺术——不仅要在艺术这个字眼上打叉，还要在物理上将它排泄掉。在这本笔记中，他记载了自己对"真人美术馆"（GALLERY LIVE PEOPLE）的想法——在这种展览中，人是艺术。他不止一次实现了这一梦想，不仅是在"工厂"，还在1965年费城举办首次回顾展时实践了"真人美术馆"。在那次回顾展上，博物馆涌入了太多的观众，以至于工作人员不得不将展品从墙上取下以保护它们，留下抻长脖子的观众在展厅里替代展品。

1963年6月，安迪搬进了东区87街上的工作室，这里以前是纽约第13消防局。在这里，为了制作丝网版画，同时也为了实现"真人美术馆"的愿望，安迪雇了杰勒德·马兰加——他成为安迪20世纪60年代的主要助手。安迪给杰勒德的工资是每小时1.25美元。他过去付给内森·格鲁克的工资是每小时2.5美元。

新助手制作的第一件丝网画是《伊丽莎白·泰勒》（*Silver Liz*）。然而，对于传记作家来说，安迪与杰勒德的关系几乎与来源于此关系的艺术作品同等重要。安迪叫他"格里派"（Gerry Pie），杰勒德则称安迪为"安迪

派"(Andy Pie)。杰勒德是来自布朗克斯(Bronx)的意大利二十岁小伙子,曾在瓦格纳学院学习,是个有抱负的诗人;他曾与诗人黛西·奥尔登(Daisy Aldan)一道学习并获得奖项,也是夫妻档实验电影制作人威拉德·马斯(Willard Maas)和玛丽·门肯〔Marie Mencken,一位脸部棱角分明的女性,曾在1965年沃霍尔的电影《朱厄尼塔·卡斯特罗的生活》(*The Life of Juanita Castro*)中担任主角〕的门徒。对安迪来说,重要的是杰勒德会丝网印刷:他曾经在暑假为一家以公鸡领带著称的织品网印商打工。同样重要的是,杰勒德是个诗人,正如安迪以前想成为踢踏舞者一样,他立志做个作家(而且不久就遂了心愿)。最重要的是,杰勒德看起来就像这行当里的天使——活脱脱一个身材修长的诗人版马龙·白兰度。杰勒德重新点燃了安迪成为杜鲁门·卡波特那种人的愿望,通过与杰勒德相处,安迪可以想象自己实现了"杜鲁门"梦。安迪至少向杰勒德示爱过一次,但这位年轻人断然拒绝了。尽管杰勒德公开声明自己是异性恋者,然而这并不影响他出色地扮演、演绎同性恋。他在沃霍尔的电影《沙发》(*Couch*)和《苹果》(*Apple*)中与男子做爱;他与生俱来的花花公子形象——胜过博·布鲁梅尔(Beau

Brummel）——迷住了许多纽约的艺术家同志。[仿佛是为了证明这一点，在一张宝丽来照片里他亲吻评论家埃德文·登比（Edwin Denby）并与之共舞——安迪拍这张照片是为了给地下诗刊《C.》做封面]。当杰勒德和安迪一起去镇上参加聚会、开幕式或读书会时，人们把杰勒德认作安迪的贴身侍童。但作为直男的他也掩盖着安迪的同性恋身份——尽管他们的关系不稳定，看起来有点假。杰勒德最引人注目的特征是他的上唇，那曲线宛如梦游者在冷笑；还有他罗马式的鼻子，像伊丽莎白·泰勒那样大而水灵的眼睛。初见安迪时，他穿着瓦格纳学院的T恤，还送给安迪一件；很快，"杰瑞派"和"安迪派"打成一片。就像带未婚妻见家人一样，在雇用杰勒德的第二天，安迪就带他回家见了朱莉娅。

起初几个月的"蜜月期"，工作室里只有杰勒德和安迪两人一起工作；那时，稀释这种亲密的人还没加入。我在纽约"下城"[①]的一家古巴餐馆采访杰勒德时，他似乎回忆起他们最初在消防局无人打扰的、田园诗般的安静日子。当安迪1963年11月搬往坐落在东区47街231号

---

① Soho，South of Houston Street，艺术家聚集地。

的阁楼，也就是后来的"银色工厂"，杰勒德就开始扮演诱饵的角色，笼络有教养或外形讨人喜爱的访客：他在艺术和文化圈有很广的人脉，而且作为天生的"侦察员"，他负责为工厂招揽了许多重要的演员。他们在工作室一起用丝网摹印了蝙蝠侠与罗宾——杰勒德印刷，安迪帮忙。杰勒德是安迪的卫士，而工厂则是他们的"蝙蝠洞"。安迪的首批波普画作中，有一幅是关于蝙蝠侠的；1964年安迪还拍摄了一部电影，领衔主演是难以归类的演员杰克·史密斯（Jack Smith），影片中安迪把他塑造成蝙蝠侠和吸血鬼（德库拉伯爵）的合体。安迪最终将获得"Drella"的诨号——灰姑娘（Cinderella）加上德库拉（Dracula）——这个绰号暗示他早年的贫困和他当时的凄楚，当然也暗喻他像吸血鬼一样榨取身边的随行人员。

安迪在杰勒德协助下创作的作品，演绎着他对秀色可餐的男青年的欲望：在假想中，伊丽莎白·泰勒肖像系列就是着女装的杰勒德，而《通缉犯》(*Most Wanted Men*)和1964年的《花》(*Flowers*)系列则象征着纳西瑟斯（Narcissus）的身体媚惑。（在一张迷人的照片中，杰勒德在里奥·卡斯特里画廊朗诵诗歌，身后是有鲜艳的花的丝网画，此时的杰勒德仿佛是安迪的另一种花朵：像

奥菲丽娅一样古老的花语，无声地阐释着沃霍尔的内心世界。）安迪喜爱杰勒德那种体形——50年代他曾雇用了英俊的小伙子维托·贾洛，70年代他则雇用另一个体格强健的意大利裔美国人罗尼·卡特龙做助手。安迪的第一部电影《沉睡》中的明星约翰·乔尔诺也是一位英俊的意大利裔美国诗人，有着一张漂亮的方脸。拍完《沉睡》后，安迪就放弃了他——杰勒德已取而代之。

20世纪60年代沃霍尔的另一位关键合作者是比利·林奇（Billy Linich）——他也给自己起了新名字叫比利·内姆。他们第一次见面时，比利还是"奇缘3"餐厅的服务员；雷·约翰逊（Ray Johnson，他喜欢的艺术形式是从美国国家邮政局寄出的信件）带安迪去看比利的公寓——一个完全用银箔纸装饰的屋子。比利是贾德森舞剧院的灯光师，后来搬进了安迪的阁楼并成为工作室的经理和管家，当然，他搬进来的头一年还兼任侍童。有一次，我和比利在他位于波普基西（Poughkeepsie）的家中闲坐，看着哈得孙河，比利告诉我：这类关系在艺术界很普遍，大家都觉察到他就是安迪的侍童。沃霍尔让比利仿照他的公寓，用箔纸把阁楼装饰成银色。比利·内姆运用强对比的表现主义灯光，拍了数百张60年代银色

工厂的照片。这些照片为短暂存在的工厂留下了有形的历史档案。他掌管安迪作品的舞台布景:为安迪的照片和许多电影打光,并为他的传奇设计了帷幕——标志性的银色背景。

比利·内姆是安迪早期三部重要电影的主题,这三部电影都叫《剪发》(*Haircut*),其中的第一部,即《剪发(1号)》[*Haircut(No. 1)*],戏剧性最强,情节也最吸引人。正如考利·安杰尔(Callie Angell)馆长在她的电影目录中所说,"《剪发(1号)》用了六卷一百英尺胶卷……从六个不同的拍摄角度进行拍摄。"与往常一样,这些胶卷没有剪辑,而是一个一个粘接在一起,包括所谓的"导片"——胶卷开头和结尾处未曝光的空白带,《牛津字典》说,其作用是便于"保护或辨认胶卷"。在早期的电影作品中,沃霍尔总是保留导片;在每卷未剪辑的胶片结尾处,导片的"白"开始盖过图像,并最终把图像淡化成一片白。我很怀疑,安迪是否使用过"导片"一词来描述那些空白胶片。表面上看,他没有在自己的电影中露面,也几乎从未出现在取景框内,尽管偶尔会听到他的说话声——做出微弱的指导。然而,一段段导片似在复原他鬼魂般缥缈的存在;如魂之归来,它们出现在

那催眠般的"白"战胜试图留下自己印记的演员们的最后一刻。

在《剪发》中,"导片"发挥了神奇的作用:在最后一卷胶卷的结尾处,表演者——理发师比利·内姆,正在被剪发的年轻男子约翰·戴利(John Daley),还有光着上身的舞者弗雷迪·海尔科(Freddy Herko),他抽着烟斗,边跳舞边在理发的地方脱衣——打着哈欠揉着眼,好像他们是《仲夏夜之梦》的演员,刚从被施以魔法的状态中苏醒过来。正当《剪发》的参演者怀疑自己的视力而试图驱散幻觉的迷雾时,"导片"慢慢将一团白雾覆盖在他们的面孔上。在所有以"导片"结束的沃霍尔胶卷中,它总是来两次——第一次作为预示,微微发白,而不完全抹去图像,图像会再次稳定下来,不过仅仅瞬间而已;第二次很明确,当"导片"重启时,它将图像永远抹去,或直到下一卷胶片。这样,在每一片段的结尾,观者都会经历一次微型的精液般的白色之死,一次烂醉的高潮,沉迷其中以至失去意识:起初我们先尝到死亡的滋味,这促使我们格外注意那些再次出现在屏幕上的面孔,因为我们知道,下一刻,浓重的白将抢夺我们的视线;然后我们经历最后一波空白的袭击,并得到解脱——胶卷的冗

长乏味已让我们备感疲倦。

观看沃霍尔的电影是愉悦的,然而极少人经历过这种愉悦,我因此想劝说诸位转变一下态度。正像乔纳斯·梅卡斯(Jonas Mekas)、斯蒂芬·科克(Stephen Koch)和其他鉴赏家提到的那样,这些影片质疑电影艺术在其百年历史中与之共生、依附的种种假设。然而,尽管沃霍尔影响了实验电影和主流电影,但是他的大部分创新并没有被后来者继承。安迪倾其全部时间体验——创伤的与情色的——尽数注入观众体内。时间有流逝之力,也有静止之力;时间的这种两面性震惊了安迪,也折磨着安迪。

《理发(1号)》——典型的沃霍尔式电影——没有片头字幕,都是在胶卷盒上贴一张条,上面写一个简单的标识词,如吃饭(*Eat*),肩膀(*Shoulder*),马(*Horse*),午后(*Afternoon*)。1965年之前的电影,大多数没有声音;电影以默片的速度放映,(理想状况下)每秒十六帧或十八帧。(有声电影的速度是每秒二十四帧。)因此,这类电影的放映时长比拍摄时长要长,也就是延展了时长。一卷胶卷的拍摄时长之内,摄像机都不移动;摄像机固定不动是沃霍尔电影的标志性特征。[在他的另外一些影

片中，一旦摄像机移动，它就毫无由头地对演员动作漠不关心；偏离主题，忽略明星。罗纳德·塔韦尔（Ronald Tavel）曾为沃霍尔许多优秀的有声电影写过脚本，他在一次采访中谈道："当剧情开始向高潮部分递进时，镜头却离开了，它移向天花板，开始观察起家具来……"沃霍尔的摄像机像一个心不在焉的学童，游离在课堂之外。]《理发（1号）》中，每卷胶卷都呈现出如一幅画般的抽象静态感。也因为演员的动作幅度较小，又没有情节性，所以镜头就记录下每一个变化，仿佛每一丁点变化都是值得仔细审视的大灾难。沃霍尔放大每一次面部颤动的重要性，借此传授共鸣和诊断的艺术。尽管他的技术全部依赖于摄像机的性能，因此显得有些机械，没有灵魂（比利·内姆曾暗示，安迪电影拍摄的目的是想了解摄像机如何看东西），他从电影中学到的是，要关注人脸上微妙心理活动的迹象，包括一种对他人情感波动的偏执形结，而非幸灾乐祸地无动于衷。

动辄数十小时观看这些内容很少或根本没有内容的沃霍尔早期电影时，我的眼睛不敢离开屏幕，以免错过什么重要的东西。我不敢低头看电脑，不敢四下张望，不敢闭上眼睛或离开房间。我也几乎不做笔记，因为我

已完全沉醉于光和影、愤怒和情欲的种种微小渐变。我的生命——或电影的生命——依赖于以敏锐的目光,密切注视着他的荧屏,仿佛我是个护士,在一家医院的重症护理病床前值夜,而荧幕就是安迪那颗突突跳动的心脏。镜头——没有一个故事来引导它,也没有摄影机的运动和快速剪辑来处理它所看到的——可能是在胶片的画格之间游离,却好像根本不动,也可能在欣赏或困惑于胶片画格内所含内容的零散片段,而不必担心摄像机会变换角度并迫使镜头离开它面前的盛宴,因为对安迪而言,除了关注眼睛,与嘴巴有关的方面他也并未忽略。他懂得看与吃之间的联系,在一次采访中,他这样形容如何让长长的特写镜头满足观者的渴望:"人们通常只是去电影院看自己想看的明星,去欣赏他。在这儿,你至少有个机会只盯着明星看,爱看多久就看多久,不必管他在做什么,尽可以如你所愿地欣赏他。当然,这样拍摄起来也容易。"两种愉悦得以在此汇聚:我的快乐和安迪的快乐。作为观者,我可以观看好一阵子;安迪则可以轻松下来。(他喜欢"轻松"一词。他会对似乎过得不错的朋友惊呼:你们活得可真是轻松自在!)

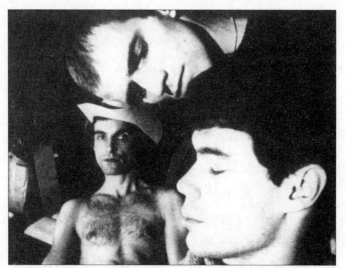

图4:《理发(1号)》剧照,1964年。图源:卡内基安迪·沃霍尔博物馆,宾夕法尼亚州匹兹堡,2001年。

弗雷迪·海尔科毛发旺盛的胸膛似乎未受剪辑效果的影响。

就像沃霍尔的摄影机一样,我也要考验一下你们的耐心,在《剪发(1号)》这部影片上多停留会儿——评论家列娃·沃尔夫在其极具启发性的《安迪·沃霍尔,诗歌,以及20世纪60年代的流言》(*Andy Warhol, Poetry, and Gossip in the 1960s*)一书中详细讨论过这部电影。《剪发(1号)》恐怕是安迪在60年代初期所制作的几部电影肖像——描绘对男子气概的背叛的作品——当中最深刻的一部。理发师这一职业,通常是"同性恋"风格,被贴上了"娘娘腔"的标签。然而令人困惑的是,比利赋予这一形象粗壮的男性化力量:他把理发演绎得如同禅修,而电影中慢下来的时间更让这种展示如同宗教仪式,像割礼一样虔诚。《剪发》是对比利照顾安迪的隐秘写照。尽管沃霍拉夫人说安迪(剪纸)"剪得好",他却讨厌剪:他没有很多头发可剪(他戴假发),他也一定不喜欢剪辑。比利全神贯注,这专注、入神的剪发行为也是一种色情的服侍行为,服侍的对象是那个消极、谦卑的男人,他那虚弱的斯拉夫容貌与沃霍尔相似;但这并非安迪自愿接受或想要的一种服侍。在他作为导演那看不见的位子上,他要求电影超越剪发的需求,或任何形式的"剪"。

评论家也会因为沃霍尔身上的这种被动状态而对他

屈就起来；确实，他的艺术对外部图像和外部支撑的冲击呈受虐狂式的开放状态。然而他对剪发——隐喻其他手艺及照料——的描绘，却主动地观照一个赤裸的男人弗雷迪·海尔科，他的胸毛似乎对电影"剪"的主题免疫。画面的一侧，比利在剪；另一侧，弗雷迪在脱。剪发或许意味着剪掉男子气——就像达丽拉（Delilah）剪去了参孙（Samon）①的头发——然而伴随着剪发进程的展开，弗雷迪裸露越来越多的男性肌肉。没有谁是被动的——无论安迪的镜头、比利的剪刀，还是脱衣的舞者。唯一被动的是纤弱的被剪发者。（《剪发》拍得像是一种亲密仪式的纪录片，但也可能是挑逗。几乎没有头发落下来。）像往常一样，安迪提供了两副身体或行为让我们观察，我们必须决定哪一个更重要：左边是个舞者，右边是个理发师。他们是否彼此影响？他们有各自的立场，还是互为分身？一种行为会影响另一种行为吗？我们（安迪和观者）是否具有一种独立的第三者立场，还是说，我们能够进入镜头下的剪发或脱衣表演两用空间？

---

① 力士参孙，《圣经》中的人物。参孙曾告诉爱人达丽拉，一旦失去头发，他就会失去力气，然而达丽拉受非利士人的诱惑，剪掉了参孙七缕头发，致使参孙被敌人所制，奴役而死。

1963年9月末——拍摄《剪发（1号）》的几个月前——沃霍尔一路驾行，横跨美国本土，去洛杉矶参加他在费勒斯画廊（Ferus Gallery）的"猫王系列"画展；与他同车而行的还有地下电影演员泰勒·米德（Taylor Mead）、画家温·夏伯伦（Wynn Chamberlin）和杰勒德·马兰加。（沃霍尔本人没有开车；他坐在后排。）在洛杉矶，他见到了马塞尔·杜尚（Marcel Duchamp），参加了帕萨迪那艺术馆（Pasadena Art Museum）的杜尚回顾展，以及丹尼斯·霍铂（Dennis Hopper）为他举办的电影明星聚会；与会嘉宾中有苏珊·贝茜（Suzanne Pleshette）、拉斯·坦布林（Russ Tamblyn）、萨尔·米内奥（Sal Mineo）和特洛伊·多纳休（Troy Donahue），这些人都入过沃霍尔的丝网画。安迪已经打破了横隔在明星与粉丝之间的壁垒，最终，他也加入了灿烂的银幕群星之中。他热爱加利福尼亚。在一次采访中，他说："我觉得加利福尼亚人很棒，嗯，因为，他们更直率。"在《波普主义》一书中，他描述了好莱坞式的欢乐，那是他所幻想的典型："空虚、无聊的好莱坞生活正是我曾想过的那种生活。有可塑性。是白上之白。我希望过上像《江湖男女》（*The Carpetbaggers*）剧本那样水准的生活——那看起来太舒适

了，只要像那些演员那样装模作样地走进某个房间，说些漂亮的台面话而已。"加利福尼亚的日子轻松自在。这趟旅行中，安迪有一次在宾馆房间里掏出生殖器让泰勒·米德舔，泰勒被激怒了。

这种挫败而非受辱的经历，在一定程度上让安迪尽力向不落俗套、独持偏见的男子气概致敬，这在他以泰勒·米德为主角的电影中达到了极点。泰勒那时已经因为在1959年的电影《太年轻，太堕落》(*Too Young, Too Immoral*)中聋哑毒贩的角色，以及出演实验电影制作人让·赖斯（Ron Rice）的《采花大盗》(*The Flower Thief, 1960*)而为地下电影的追随者所熟知。正如米德对我说的，"不是安迪·沃霍尔把我打造成超级明星的，我本就是超级明星"。他也和马兰加、乔尔诺一样，还是个诗人。泰勒·米德有一只下垂眼；他的容貌像忧伤的斯坦·劳雷尔（Sten Laurel），当他无法流露忧伤时，便在欢乐中低垂。

沃霍尔喜欢阿多尼斯式的美少年①，但同时也欣赏那些像他一样外貌古怪的人。他的电影没有仅仅重复古典艺

---

① 阿多尼斯（Adonis）是古希腊神话中女神阿芙罗狄娜爱恋的美少年，后被野猪咬死。

术,或是仿照罗伯特·米策(Robert Mizer)的"运动模特协会"(洛杉矶人体模特公司)推出的裸体照片所宣扬的理想形体——乔·达里桑多罗(Joe Dallesandro)在进入沃霍尔的工厂之前,就在洛杉矶人体模特公司做过模特;相反,沃霍尔更愿意让健壮的猛男与公然(且自豪地)声称自己"娘炮"的喜剧演员如米德展开竞争。

《玛特森社团通讯》(*The Mattachine Society's Newsletter*)是同性恋组织的内部刊物,也是同性恋解放运动的先驱,该媒体对沃霍尔所有的电影作品都不满意("他们竟敢向来寻找艺术的观众呈献这样的闹剧?"),但是其评论员恰当地总结了电影《泰山和失而复得的简……诸如此类》(*Tarzan and Jane Regained ... Sort of*)的故事情节——这部电影是沃霍尔与米德共同完成的首部电影,1963年9月末或10月初拍摄于洛杉矶——影片由"一系列松散的、装腔作势的机趣片段串联而成,由泰勒·米德主演。扮演营养不良,行动却极其敏捷的'泰山',米德主要要做的是防止他穿在身上的唯一一条豹皮短内裤不会从膝盖处滑落"。(米德担任这部电影的剪辑。)在一个场景里,米德在路边摔了一跤,爬起来掸衣服:这部赞美孩子气、无拘无束的电影,聚焦于泰勒的臀部。

在第二卷胶卷中,安迪本人出现在银幕上,拍打泰勒的屁股,指导拍摄。短内裤(或者说是遮羞布)继续滑落、滑落,呈现着趋向于裸体的熵——表达了沃霍尔对他人裸体的意识形态偏好。正如他在一次采访中说:"我的确不相信衣服。"

下一部沃霍尔与米德合作的电影更为明确地赞扬了泰勒的身体——即便是在嘲弄泰勒身体的时候。影片命名为《泰勒·米德的屁股》(Taylor Mead's Ass),是对一位电影制片人的回应——他写信给《乡村之声》(Village Voice)杂志,指责某部沃霍尔的电影花了两小时描绘泰勒·米德的屁股。正像米德所说,他们立刻注意到确实缺少这样一部作品,于是迅速行动起来改变这一局面——第二天,也就是1964年9月5日,他们花了七十六分钟,而不是两小时,专门拍摄米德的屁股,以此嘲笑审查官和令人扫兴之人,从而实现了罗兰·巴特(Roland Barthes)《文本的愉悦》(The Pleasure of the Text)一书中所谓激进的、令人愉悦的文本的特征:"文本(应当)是敢用屁股对着'政治父亲'(Political Father)的百无禁忌之人。"

《泰勒·米德的屁股》没有展示米德的阴茎,因为他

那极具个性的臀部比阴茎更抢镜。泰勒告诉我,他蓄意破坏这部电影并证明他可以"挑战沃霍尔":他拒绝像导演要求的那样站着不动。通过移动,大摇大摆地走,跳舞,拒绝像帝国大厦那样保持静止(沃霍尔以帝国大厦为对象拍了一部臭名昭著的八小时电影),泰勒"毁了(沃霍尔的)电影,搅乱了沃霍尔的观念"。泰勒不仅动,还装模作样往屁股里塞各种各样的东西。首先用美钞,以嘲讽安迪的吝啬(他几乎不付钱给可怜的演员们),或是像男妓把小费直接放进屁股。接着他把书、杂志和照片塞入屁股。他把一本《时代》杂志塞进自己的屁股,杂志的封面印着第一夫人约翰逊(Lady Bird Johnson)的头像(泰勒对我打趣道:"鸟夫人"或许会把我的内脏啄出来)。他把另一位泰勒,伊丽莎白·泰勒的照片塞入自己的屁股;另外,也用过一张空白的圆形画布——一个"圆"①,安迪曾用这种形状的画布画玛丽莲·梦露。泰勒可能是通过模仿沃霍尔的方法(把找到的图像合并起来)来批评他的艺术,但是他也帮安迪阐明了其艺术的性寓意:安迪之所以能快速吸收媒体图像,是因为他将媒介带

---

① "tondo"本义是圆,指意大利文艺复兴时期用于装饰内部的圆形画或圆浮雕。如米开朗琪罗的《圣家族》。

入体内（就像"塞进屁股里"）的行为令他有不可言说的快感。继伊丽莎白·泰勒之后，泰勒又以文学作品修饰他的臀，包括用欧内斯特·海明威（Ernest Hemingway）的《流动的盛宴》（*A Moveable Feast*）。然后他又转向家庭用品——一盒汰渍洗涤剂，以嘲弄波普艺术，因为就在几个月前安迪向他展示了布里洛盒子。泰勒的屁股也像小型的"工厂"，吞噬了一切才华和想象，但不是被动的：他主动牵引着镜头。

许多东西塞入之后还会抽出。他假装用一把钳子将一本自己的诗集《一个匿名的纽约年轻人的日记摘录》（*Excerpts from the Anonymous Diary of a New York Youth*）从屁股里夹出去。他还取出了早前插入的空白圆形画布。不幸的是，画布被夹过之后仍然是空白的；泰勒屁股的转换力量是有限的。

凝视米德那浑圆的、中间有缝的屁股七十六分钟，我逐渐理解了影片的抽象含义：高对比光让屁股进入了一个角色——只为表现"白"本身——尤其是当屁股与每卷胶卷结尾处的空白导片融合时。如果只是看屁股本身，它明显是对开的：两个屁股蛋，被一条暗线从中间分开。臀部的双分结构让人想起安迪的双联画［比如 1963 年创

作的《深黄色的种族暴动》(*Mustard Race Riot*)]，也提供了另一种蹩脚的解剖式方式去解读沃霍尔作品中的对开形式：那是屁股的两半，或是身体上任何其他二分组织（睾丸、阴道、乳房）的一种再现或替代。泰勒本人也是安迪的复本——他有个绝招，就是用荒谬的哑剧反转耻辱。

拍摄《泰勒·米德的屁股》(可能从未放映——泰勒承认他在仓促完成拍摄之后再未看过)的时候，安迪已经完善了倔强的个性，那缄默的、没有表情的面孔——比利·内姆告诉我，这是安迪用来对付愚蠢的媒体的。记者们想拿沃霍尔开开玩笑，因为他对语言很警惕，也许还曾被采访者吓到，不能正常说话。所以他常搪塞或结结巴巴地回应采访。他告诉摄影师格雷琴·伯格（Gretchen Berg），"采访者应当告诉我他想让我说什么，这样我就可以跟在他后面重复那些话。我认为那会很棒，因为我脑子一片空白，想不起任何要说的话"。杰勒德·马兰加在接受约翰·威尔科克（John Wilcock）采访时——为了宣传他那本古怪、邪恶的书《安迪·沃霍尔自传及其私生活》(*The Autobiography and Sex Life of Andy Warhol*)——说道："他（安迪）在接受采访时会说谎。"杰勒德还公开了对

安迪的一次采访,证实了这个猜想。杰勒德问:"你是人吗?"安迪回答:"不。"但是,对杰勒德的追问:"你为什么那样回答?"安迪诚实地回答道:"我很敏感。"在另一篇刊于 1967 年《艺术杂志》(*Art Magazine*)的采访中,又一次被杰勒德盘问的安迪说,如果在南方重拍《切尔西女郎》,"那么,我可能会让我父亲演那个胖毒枭兼瘾君子"。他还假装提到他父亲的"冰箱工厂"。在一次电视采访中,有个记者热切地问安迪艺术方面的事,尊称他"沃霍尔先生",他却打断道,"是沃霍尔小姐",然后继续涂指甲或修指甲。(他觉得涂指甲是人类的一种可贵追求,尽管与涂画布相比缺乏文化意蕴;在修指甲的过程中,安迪证明了艺术是一种美的仪式、一场塑造自我的典礼。)他把一次次采访看作是一件件合作的艺术作品;他的工作不是传达真相,而是表演。避免直接回应,假装出一副冷酷无情的外表,这才是他"出来"面对媒体的可靠方法,否则媒体不会容忍他明确说他要将同性欲望拔高到任何再现或表现的工作之上。

在他电影和美术生涯的起始阶段,他最明确地展现了此种愿望,此后他再没有勇气这么做了。在性的描绘方面,没有比他 1963 年和 1964 年的伟大三部曲——《吻》

（*Kiss*）、《口交》（*Blow Job*）和《沙发》（*Couch*）——更丰富的了。这些电影是他艺术成就的中心，却并不为人所熟知（这与他创作的玛丽莲·梦露或金宝汤罐头形象形成了鲜明的对比，那些形象代表了媒体眼中的沃霍尔，已经扩散到了近乎无聊的地步）。正如这电影三部曲清楚表明的那样，性欲并不存在于时间之外；时间才是唤起它的媒介。兴奋会强化"之前"与"之后"的区别，并延展"持续时间"，使得性爱过程——等待、拥有、回忆、重温——在某些日子里，敞亮通透；另一些日子里，却阴沉如坟墓。我所谓的"性"并不仅仅意味着愉快的生殖器活动，还意味着身体和眼睛在狭小的环境里并不愉快的全部互动。性可能意味着阅读、漫步，或是购物。性当然意味着视觉。

《吻》是色情三部曲的第一部，1963年9月开拍，12月完成，实际上是一系列短片，每部短片用一盒100英尺长的胶卷拍成。每部短片中都有一对情人在接吻，用非常近的特写镜头拍摄。于是嘴看起来有些古怪、湿润，舌头也在令人不快地动着；我忍不住猜想："难道1963年的时候接吻的方式有什么不同？"当然了，那时男人在接吻时比今天所允许的更强势，而女人常咯咯笑着。这

些接吻镜头作为"安迪·沃霍尔系列"在实验电影人乔纳斯·梅卡思（Jonas Mekas）组织的放映活动中放映：一段一段的《吻》，像是卡通或新闻短片，作为夜晚放映主题的前奏。被汤姆·沃尔夫（Tom Wolfe）在一篇讽刺文章里称为"年度女孩"的简·霍尔泽（Baby Jane Holzer）是安迪最初捧红的超级明星之一，她在片中吻了约翰·帕尔默（John Palmer）；她最近重看《吻》时——这是她三十年来第一次重看这片子——问道："我这是在吻谁？"片刻的茫然之后，她发出一声尖叫："哦，是约翰·帕尔默！"电影《泰山和失而复得的简……诸如此类》中的演员娜奥米·莱文（Naomi Levine）则在片中吻了好几个男人，一次一个。最引人注意的是两个不辨男女的人拥吻，我们以为是一对青年男女，直到摄像机后移（相当少见）才显示出是两个裸着上身的年轻男子在沙发上相拥吻颈，身后搁着沃霍尔所画的杰奎琳·肯尼迪像。沃霍尔直到1965年才展出杰奎琳的丝网画；在这里，它还不是一件名作，也没什么价值，只是充当墙纸的角色，尽管也象征着一位可怕的女神，仿佛杰奎琳正在观察两个男孩接吻，赋予他们的拥抱某种意义，某种历史背景。（如果有观者看沃霍尔所作杰奎琳及其他偶像式女子这

类经典图像而怀疑她们的同性恋偏好,那么此刻,这罕见的《吻》则彻底澄清了:沃霍尔的丝网画作品选择女性形象为纪念对象,依赖于一种同性恋合法性的氛围,也就是"工厂"——在那里,男孩们可以在沙发上接吻,而且他们的吻可以被拍成电影。这并不是因为沃霍尔想让观众震惊,而是因为他相信没什么比酷儿间的爱抚更值得记录,更抽象,更性感了。)我们不知道在杰奎琳眼皮底下拥吻的男孩是谁;他们成了同性爱欲的密码。尽管我确信沃霍尔是在赞颂他们的吻,但他仍与之保持了某种距离;观者永远不会知道,艺术家对他所记录下来的活动是喜欢,还是感到恐惧?

电影《吻》中一位接吻者戴着手表。这手表提醒我们,时间在影片中流逝,那是1963年某个特殊的时间段,如今已不复存在。由于电影以默片的速度放映,所以观影时我们的时间要比手表走过的时间长一些。这种被唤起的缓慢感在色情三部曲的第二部《口交》中更趋成熟。《口交》可能是沃霍尔拍得最好的电影,一部有着让人几乎无法忍受的亲密的电影——无法忍受,是因为看了这部电影,你意识到你此前从未用不间断的四十分钟,心甘情愿地观看一个男人的脸从慢慢有感觉到走向性高

潮的过程。作为沃霍尔电影的对立面，实际生活中总有其他东西可看；然而在《口交》中，沃霍尔提供给我们的是六卷一百英尺黑白胶卷的特写，呈现了在灯火通明的地方，一个无名男子的脸——片名引导我们猜想他正在接受口交。我们无法证实口交正在进行。我们相信是如此。演员的表情——从无聊到迷狂沉醉——显得很真实。我们还可以判断他何时达到高潮，因为在扭曲的脸渐渐平息后，他点燃了一支烟。

《口交》中有许多内容是无法核实的。我们不知道，为那演员口交的是名男子还是女子。也许是由几个不同的男人或女人完成的，也许每人拍一卷胶卷。我们甚至会猜想沃霍尔有没有亲自上去"服务"，而让其他某个人操作宝莱克斯（Bolex）摄像机。因此，我们也不清楚这位接受口交者的性取向：他看起来像个顾客（一个直男，特别是能拿到报酬的直男，就可以让另一个男人为他口交）。我们不清楚他是否真的达到了高潮，还是仅仅在装样子。片中没有精彩瞬间——作为色情主题证据的射精。每一位沃霍尔粉丝对于《口交》背后的故事都有一套自己的版本。其中最可信的是：这位只露头部的家伙是纽约

图 5：《口交》剧照，1964 年。图源：卡内基安迪·沃霍尔博物馆，宾夕法尼亚州匹兹堡，2001 年。

这是我们的信念。

的一名演员,既出演色情片,也出演莎士比亚剧。沃霍尔博物馆收藏了几份色情电影的副本,里面有这名演员。(没人知道他后来怎么样了,也没人知道他是否看过《口交》。)他的长相酷似马龙·白兰度或杰勒德·马兰加;这种相似一定曾令沃霍尔兴奋。让人吃惊的是,他的脸让人想起卡尔·西奥多·德雷尔(Carl Theodor Dreyer)的影片《圣女贞德蒙难记》(*The Passion of Joan of Arc*)中的女演员法尔科内蒂(Falconetti)。如果不是这标题(《口交》),人们会猜测这是个处在痛苦中的人,在火刑柱或十字架上,正受着死亡或宗教狂喜的折磨。他皱眉蹙额,有时好像在哭泣。

对《口交》的任何描述,都无法表达其崇高意蕴——它的严肃性,那拷问式的灯光和如梦的阴影共同织就的痛苦演绎。就这么静静坐着,观看四十一分钟,端详那张更像是幅画而非影像的脸,我于是有时间去沉思性的全部历史和我自己的个人性史;我不受干扰,也有了闲暇,去研究一张人脸——它正处于极端亲密和孤独的狂喜之中。此时,这张脸不是供我们消遣的,而是供我们静观端详的。此时,宗教意蕴和世俗意蕴的碰撞,比任何其他沃霍尔图像中的碰撞,都更为热烈:我们看到了一份"约伯"接受

"打击"① 时的容貌记录。男主角的狂喜表明,在沃霍尔眼中,坚忍的回报是把痛苦转化为欢乐的能力。于此我突然想起沃霍尔所接的第一个商业艺术任务:为《魅力》(*Glamour*)杂志上的一篇题为《在纽约,成功本身就是一份工作》(*Success Is a Job in New York*)的文章配图。无疑,沃霍尔和他那位无名演员都已经取得了大都市里的成功。

《口交》中的行为可能暗示神圣感,完全不像《沙发》中发生的事。《沙发》是他早期电影中最露骨的——那份坦率唯有他职业生涯的后期所拍的《蓝色电影》(*Blue Movie*)可以媲美。精神分析通过与影片同名的道具或布景(沙发)进入了画面。然而,沃霍尔根本不会把时间花费在分析这沙发上,也许是因为他在"工厂"的沙发上度过了太多美妙时光。(弗洛伊德或许会在沃霍尔身上看到一个同行,一个对欲望与本能进行系统探索的人。实际上,安迪曾在1966年受邀参加纽约临床精神病学学会的年度晚宴。他带了他的"地下丝绒"摇滚乐队一同前往。)沃霍尔的《沙发》拍摄于1964年,似乎也像《吻》

---

① 作者用了双关语,戏称安迪·沃霍尔用《口交》这部影片做了一份约伯(Job,《约伯记》的主人公)接受口交(blow)的记录。

一样是个系列——用了许多盒胶卷,形形色色的人在"工厂"的沙发上纵情嬉戏。即便是在制作《沙发》三十五年之后,我仍不得而知,沃霍尔到底是如何说服这些人在镜头前做这类事的。在沙发上,只有欢愉,没有羞耻。最触目惊心的场景,是杰勒德·马兰加接受罗伯特·奥利沃(Robert Olivo)的手淫和口交——奥利沃绰号"昂迪恩",是一个喜欢喋喋不休讲故事的人,也是个飙车迷,他的口才和性格让沃霍尔兴致盎然。昂迪恩,在其未来所有的银幕形象,以及他的独白录音带中,都是个爱招摇炫耀的酷儿;杰勒德不是。然而到1964年,杰勒德已经完成了从绘画助手到多栖怪诞明星的转变。就像杰勒德对我说的,"我那时几乎没什么禁忌"。在《沙发》的一个初期片段里穿着衣服出场的简·霍尔泽,完全不知道后期片段里有性事,也没有同他们一起拍。

"工厂"并不像表面那样有整日整夜的狂欢派对;安迪仍然和他母亲住在一起,尽管我们可以放心推测他从未邀请她来看《沙发》的拍摄或放映。然而安迪的摄像机像个密探,能够刺激性行为,获得观赏性行为的权利。他的宝莱克斯镜头能让放纵获得合法性。它发挥着道德溶解剂、机械化忏悔室的功能,将魔鬼拖出来,解除它们

图6:《沙发》剧照,1964年。图源:卡内基安迪·沃霍尔博物馆,宾夕法尼亚州匹兹堡,2001年。

翁丁和杰勒德·马兰加坐在"工厂"的沙发上。

的毒性；它赦免了的反复滚动的胶卷，就像重复念诵祷文"万福玛丽亚"。但是，并非《沙发》的参与者充满罪恶感。他们为什么要那样？沃霍尔和他的摄制组知道他们该从何处着手：将"性"从个体抽象出来。"抽象"是安迪描述性时最爱用的词。性是抽象的，因为它不仅仅是一种感觉或行为，也是一个复杂的、非个人化的系统，一套表征与实践，与"纸袋先生"或任何人内心深层的焦虑毫无关系。我们听一听他在一次采访里如何描述色情的冲动，那是一种很想捉住本能欲求的真实愿望。这次采访发生在1969年，那时沃霍尔的电影制作已几乎停止，而他想看的愿望还在。采访中，他无视诋毁者的道德指责，还定义了性展示与电影时间的一一对应关系（一卷曝光的电影胶片等同于一次性展示）：

记者：有迹象表明你捧红的明星全都是暴露癖，而你的电影恰是一剂良药。你怎么看？

沃霍尔：你见过海狸吗？女孩脱光衣服时，它们就在那儿。她们总是孤零零地躺在床上。每个女孩都在一张床上。然后，她们就对着镜头搔首弄姿。

3. 银幕

记者：她们扭动着展示自己？

沃霍尔：是的。你可以在纽约的舞台上看到她们。这些女孩都光溜溜的，你什么都能看到。她们真是太棒了……

记者：你实际塑造过一个海狸吗？

沃霍尔：还没有。我们是为了大众消费而从事艺术电影，但我们快要做到了。就像是，有时人们说我们影响了许多电影制作人。但唯一真正受我们影响的是海狸们。海狸们棒极了，甚至根本不需要印海报。有那么多姑娘站出来模仿它们。总是在床上。那真是太棒了。①

这就是《沙发》的哲学；直接运用床上或沙发上性行为的原始状态，这比把它们串成一个传统意义上的作品来得更方便、更便宜，在美学上也更有效。安迪从色情作品的方法中看到了一个艺术经济的普遍范式，因为他最初的野心不过是实现最大尺度的暴露，最彻底的真实，以及最大化的利益。然而，《沙发》没赚到一分钱，甚至

---

① 这段对话中，"海狸"（beaver）一词在俚语和粗话中指女性阴道。

没有公开放映过，但是沃霍尔后来的努力可以依托于《沙发》的概念基石之上。

他称赞"海狸"电影，但是在20世纪50年代，"鸡鸡画"才是他的优先选择。"海狸"和"猫咪"是沃霍尔任何时候都喜欢用的词，特别在那些他知道将会出版并透露他和女人的模糊（嘲弄？）关系的那些口述文本之中。他欣赏以女人为中心的世界，一个充斥着时尚、面孔、美丽、商品和饰物的世界。女人，在安迪的丝网画和电影中，都是最重要的主题。然而，即便他认同女性而对男同性恋怀有恐惧和厌恶之感，面对女性的袭击他还是感到脆弱不堪。一个明显的例子是：1964年秋天，性情乖戾的女孩多萝西·波德伯（Dorothy Podber）潜入"工厂"，拿枪瞄着一摞沃霍尔的玛丽莲·梦露画作，在上面射穿了一个洞。对过失和事故一向豁达大度的沃霍尔，将这些被毁坏的画重新命名为《被枪击的玛丽莲·梦露》（*Shot Marilyns*），包括一幅《被枪击的红色玛丽莲·梦露》（*Shot Red Marilyn*）、一幅《被枪击的橙色玛丽莲·梦露》（*Shot Orange Marilyn*）和一幅《被枪击的淡蓝色玛丽莲·梦露》（*Shot Light Blue Marilyn*）。

4. 折磨

1965年年初的一场派对上,安迪遇见了伊迪斯·明特恩·赛迪威克(Edith Mintum Sedgwick),也就是伊迪(Edie)。英俊、清秀、爱指使人的哈佛男孩查克·魏因(Chuck Wein)是伊迪的斯文加利[①],规划着她难以规划的生涯。他对伊迪口述史的编者说:"她那时从事舞蹈——跳一种类似芭蕾的摇滚舞。我们那时已经有了开一家水下迪斯科舞厅的想法,在那里伊迪将伴着摇滚节奏的巴赫跳她的芭蕾。"(变换节奏也是安迪的专长。)组织安迪1965年首个回顾展的萨姆·格林(Sam Green)告诉我,伊迪比伊丽莎白·泰勒更吸引眼球:"伊迪处处出色。"她成为安迪旗下新的超级明星。安迪对其女性分身(与他

---

① 斯文加利(Svengali)是法裔英国小说家乔治·杜穆里埃(George du Maurier)于1894年出版的小说《特丽尔比》(*Trilby*)中的人物,后指代邪恶地控制别人的人。

容貌或气质相似的女性）的渴望，不同于一个男性艺术家寻求自身之女性特征的俗套故事：他不是用这些女性去深化他的男子气概，而是将她们作为拆析自己男性气质的同伙。伊迪是所有这些陪衬中最性感迷人的一位。她在"工厂"没待多长时间，但她留给安迪和公众的印象，超过安迪身边的其他任何人。

在伊迪之前，工厂里已经有梳着抛物线发型的简·霍尔泽，安迪电影《肥皂歌剧》（*Soap Opera*）的明星。《肥皂歌剧》里，挠裆部的小伙子，或赤裸上身躺在沙发上的杰勒德这些形象，与1964年真实的电视广告——波浪发定型发胶广告、杰瑞·刘易斯（Jerry Lewis）的肌肉萎缩症者驾驶广告——并置在一起。和伊迪一样，简来自上流社会；但是伊迪与简不同，伊迪身上带有一种智慧之物的光泽；她暗示着形而上学的深度和书本知识的魅力，即便她自己不一定对此忍受得了多少。

伊迪为了与安迪登对而改变了自己的外形，而安迪也接受了她的样子——不然的话，就是他模仿她的仪态，身姿不知不觉变得苗条而自信起来。她给他信心，减少肢体的动作，调整古怪的言谈举止，变得高雅一些。伊迪是第一位对他全神贯注的漂亮女性，似乎有那么一刻，

几乎爱上了他。安迪或许希望她能尽快远离他的生活，但是1965年的大部分时间里，她都为他指明了方向。比利·内姆剪掉了她的头发，她将之染成银色。她的眉毛像伊丽莎白·泰勒一样又粗又黑，但眉心处有一块无法隐藏的疤痕，那是车祸留下的。她亦有混乱的过去——放纵鬼混，入院治疗——但她实际上来自显赫而富裕的新英格兰家庭，心中塞满了残破的希望。在沃霍尔的电影形象中，她精致而醒目的悬挂耳坠，在墙上投下神秘的影子。她为《时尚》(*Vogue*)和《生活》(*Life*)杂志当模特，穿着黑色紧身裤和宽大的衬衫，那是朱蒂·嘉兰(Judy Garland)在《一个明星的诞生》①(*A Star Is Born*)中演唱《某人某处》(*Somewhere There's Someone*)时所穿服装的新潮升级版。人人都说伊迪有性感的双腿。她或许也曾想进军好莱坞，但是主演安迪·沃霍尔的系列电影却不是朝向好莱坞理应采取的步骤。

无论那时还是现在，好莱坞恐怕都不知道该如何跟伊迪打交道，这个女孩无拘无束，她的才华全在即兴而又流畅的动作中。她在银幕上摆动，编排自己的巴洛克

---

① 美国的音乐剧通常有好几个版本，此处指朱迪·嘉兰(Judy Garland)和詹姆斯·梅森(James Mason)于1954年主演的电影版。

式芭蕾——独自表演，没有情节的推动。她似乎总在和着一首听不见的、想象中的乐曲跳舞。安迪本人虽对运动抱有矛盾的态度，却对动作艺术家群体颇有研究：他的明星们擅长诡异地蹲姿，像水妖般震颤。他拍了杰克·史密斯、保罗·斯万、泰勒·米德这些人的电影。他们的动作——没有通常意义上的优雅或漂亮——打破了阳刚法则，而追求表达性并以之为人生的目标。安迪喜欢看人四肢震颤，像圣维图斯舞蹈症那样不自然地抽搐，那是一种趋向死亡的运动。伊迪扭曲的动作遵从谜一样的内心暗示，没打算和观众交流。相反，她似乎沉醉于自己肢体动作的狂欢中。她自身就是最华美的梦：一个艺术品一样的女人。她变成了安迪的秀兰·邓波儿，他的踢踏舞"兴奋剂"；看着她摆动，他就能兴奋起来。伊迪大部分时间都处在兴奋状态（巨星紫外线说，"安迪喜欢兴奋状态的人"）。而安迪自己也在每天服用 1/4 片减肥药奥百措（Obetrol）。

伊迪主演了一系列安迪的电影：《贫穷的女富豪》（*Poor Little Rich Girl*，以秀兰·邓波儿 1936 年的汽车命名）、《美丽（2号）》（*Beauty #2*）、《坎普》（*Camp*）、《午后》（*Afternoon*）、《内空间与外空间》（*Inner and Outer Space*）、《空间》（*Space*）和《卢皮》（*Lupe*）。这些是安迪在电影

领域关于女性日常生活写真的最初实验。在这些作品中，他开创了一种"魅力电影"，电影史家汤姆·冈宁（Tom Gunning）说这是动画片的源头。起初，电影艺术相当于滑稽剧——一场偷窥或胡闹秀。叙述手法是在电影发展的后期才出现的（就像它在沃霍尔电影生涯的后期出现一样），而用镜头讲述故事的冲动也总是在与单纯展示女性魅力这一目标相博弈。《贫穷的女富豪》带给我们的无非是这样一种突破——你非得见她！——伊迪早晨起床，化妆，穿衣。这过程持续很长时间。伊迪的财富让安迪着迷：她可以终日悠闲，无所事事。整个第一卷胶卷都没有对好焦，模糊不清的画面，遮隐了伊迪的特点，也给了她隐私——下一卷将毁掉这隐私。第二卷胶卷中，她回到了焦点，但吸引力也因此减弱了。她不再像德加画中的人物了。

伊迪在《黑胶》（*Vinyl*，1965）里演一个配角，第一次出镜就几乎抢镜。影片中，作为剧情的附加品、吉祥物，她观看男子间的虐爱场景，而似乎不为所动，也没有留下精神上的创伤。安迪意识到了伊迪卓越的冷漠——对此有一种投契感——她就这样置身于同性爱恋场景旁边而绝不参与，一边观察，一边漠视。安迪喜欢看着欲望离心般地散入两个分离的身体、两个场景，两者

互不影响；他喜欢一种冷冷并置而非对话的关系，两者以毫无感情的相似回应着彼此。

在沃霍尔影片中，《黑胶》是为数不多的有文本依托的作品之一——那是安东尼·伯吉斯（Antony Burgess）的《发条橙》（*A Clockwork Orange*，沃霍尔用3000美元买下了版权）。那时，曾与安迪合作过多部电影的罗纳德·塔维尔（Ronard Tavel）负责写脚本：安迪知道，一旦开始制作有声电影，他就需要个合作者来设计对话和动作，于是他招来塔维尔，一位剧作家。［在一部讲述沃霍尔电影事业的纪录片《20世纪60年代镜像》（*Mirror for the 1960s*）中，塔维尔把沃霍尔的导演方式描述为折磨——折磨出演员们的表演。］《黑胶唱片》最显著的主题是折磨。扮演少年犯维克托（Victor）的杰勒德·马兰加就是一位受害者。接受厌恶疗法的维克托被绑在椅子上，脸上套着面罩；绝缘胶布缠在他胸部，滚烫的蜡油滴落在皮肤上，还被灌"芳香剂"（硝酸戊酯）[①]。吸入药物的情节并非模拟。随着电影的进程，他越来越神志恍惚，影片结束时他已失去了行为能力。我们感觉自己是在看一

[①] poppers，加速心跳的药物，常用作催情剂或毒品。

部色情凶杀片，一部真实的刑讯纪录片。在电影开拍前，沃霍尔让杰勒德待在外面直到深夜，以防止他知晓自己要演的情节，并且邀请媒体观看拍摄，让演员现场表演。最后一刻，安迪不顾杰勒德的反对，让伊迪入场：杰勒德不希望有女性参与进来，但是安迪告诉他伊迪的样子像个男孩，因此适合这场景。据塔维尔所说（被维克多·鲍科瑞斯引用在他的传记里）："他奚落杰勒德，跟他捣乱。他的动机是不想让这电影看起来像一部正常的片子，同时也是想奚落杰勒德。"《黑胶》中，杰勒德受折磨的场面占据着银幕的前景，远景则是更逼真的受虐狂场景，有热蜡油和"芳香剂"——一个报童正被戒瘾医生和他的助手折磨。伊迪似乎常常处于干预的边缘。通常情况下，总有一种分裂主导着安迪的作品：《黑胶》中，这种撕裂表现为屏幕左侧杰勒德在遭罪，屏幕右侧伊迪在无所顾虑地舞蹈。伊迪看着杰勒德受折磨，但并未对此发表评论；电影中有那么一刻，她和他跳舞，但尽管如此，她仍保持着一种分离、旁观的立场。或许她是以舞蹈让自己远离近在咫尺的折磨。或许，她在以舞蹈叙述那折磨。又或者，对于伊迪来说，舞蹈本身就是折磨——折磨她的人是画面外的导演，是他特许了她的《无穷动》(*Perpetuum Mobile*)。

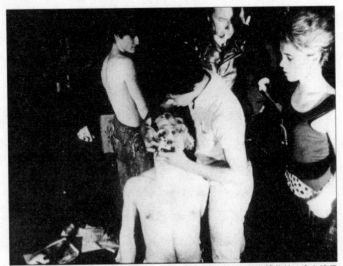

图7:《黑胶》剧照,1965年。图源:卡内基安迪·沃霍尔博物馆,宾夕法尼亚州匹兹堡,2001年。

伊迪目睹杰勒德在遭受折磨,但她对此并未评论或干预。

最能戏剧性地表现沃霍尔与折磨、伊迪，以及与两个分身间分界线（缝隙、切口、分裂）之联系的电影，是1965年的《外空间与内空间》。这是沃霍尔运用双屏装置的第一部电影。沃霍尔为伊迪拍了两卷胶片，然后用一左一右两块屏幕同时放映。每卷胶片本身也由两个伊迪构成：北美飞利浦公司（Norelco）借给沃霍尔摄像器材，他就拿伊迪做试验，拍了伊迪的视频。然后他把伊迪的视频在显示器上重放，再拍摄伊迪对她自己的影像的反应——观看自己的影像所带来的挫折感——由此形成了《外空间与内空间》。就像在《黑胶》中一样，她仍要忍受折磨：不过这一次是她自己的形象刺痛了她，那形象的重播，是她宁愿忘记却又挥之不去的幽灵。对于观众而言，看见四个伊迪的体验当然很棒：对伊迪的这种"四框"写照，彰显了安迪一贯的兴趣，即可以观看明星（至少！）四次——这份执着将在他下一年开拍的一部影片的名字上结出果实，《****》（《四明星》，*Four Stars*）。尽管有群星会聚带来的欢愉，然而这欢愉之中仍然有痛苦随之而来：在《外空间与内空间》中，不会有触碰的感觉。伊迪无法触碰或改变她自己在录像带上的形象，当然也没有其他人触碰她。

伊迪的声音是个奇迹，既沙哑，又轻亮；她的笑声懂得节制，总能恰到好处。通过听安迪录下的伊迪与昂迪恩（Ondine）的对话（这次对话后经转录，出现在沃霍尔的小说《a》中），我对她的声音，以及她与安迪的关系，有了最真切的把握。急切、轻率，时而低语，时而哀号，她突然蹦出几句关于存在之困境的私密、有时前言不搭后语的公告辞般的话："昂迪恩，该怎么办呢？""我们都会死。"昂迪恩答道。然后她说："我真的已经死过了。""你知道他对安迪说了什么——'别忘了，是我发现了她。'"她说："当妈妈试图将我留在医院……"这真是一朵脆弱颤抖的花，安迪无论如何也救不了她。

伊迪在沃霍尔的电影里至少还遭受过一次折磨：那是 1965 年制作的《美丽（2号）》。她与性感的吉诺（Gino Piserchio）躺在床上，两人都脱得只剩内衣。他们拥抱着吻颈，然而画面之外查克·魏因的声音却在嘲笑并侮辱伊迪：我们不清楚他这种无形的恐吓究竟是实际的折磨还是一种戏仿。他斥责伊迪"利用别人"，又说："做得更好些，伊迪！"伊迪烦透了他，抓起烟灰缸朝他扔去。在沃霍尔的电影中，最后一句话总是很关键：《美丽（2号）》结束语是"夭折"（abortion）。"夭折"一词出现后，电影

4. 折磨

突然结束；这突然的结束自己中止了剧情，"夭折"这个词也似乎开始获得此前全部剧情的象征意义。什么被中止了？亲密，以及其他许多美德。片名《美丽（2号）》意味着此前还有部电影，《美丽（1号）》(Beauty #1，就像《剪发（1号）》和《剪发（2号）》)，但这标题也提醒我们留心一个占主导地位的"不确定"：屏幕上是否有两个美人？哪一个更卓越？吉诺无疑是美的，但伊迪也是。沃霍尔让男性之美和女性之美比肩呈现，让我们选择。与一位旗鼓相当的美人并列在一起，加重了伊迪的眩晕感，我们能明显感觉到伊迪泰然自若的状态和心理上的自信在一点点消退；即便在《外空间与内空间》里，屏幕上有四个伊迪，她也没有从头到尾主宰着银幕，因为有那么一刻，光彩照人的杰勒德·马兰加出现在画面里，不紧不慢地梳着头。他的美破坏了伊迪的空间，改变了它，并立刻提出一个问题：是不是男性的美是"外在的"，而女性的美是"内在的"（呼应着生殖层面上"外在的"与"内在的"）？沃霍尔几乎不会关注非竞争性的美；此美必然会折磨彼美。美本身就是一种折磨工具。

在伊迪之前，有好几位进入丝网画的先驱人物：玛丽

莲·梦露、杰奎琳·肯尼迪、伊丽莎白·泰勒。安迪为自己与这些女人中的每一位赋予了某种孪生性质的联系。玛丽莲·梦露自杀后不久,安迪就制作了她的丝网肖像,以此拷问她;同样,她的美丽也折磨着安迪,她的死亡面具是一个高光泽度的多彩鬼脸,似在嘲弄安迪苍白的面孔。这时期另一位安迪作品里的女主角是埃塞尔·斯卡尔(Ethel Scull),她的姓(Scull)发音与头骨(skull)近似,恰巧与安迪诸多的死亡象征主题相宜;为了完成这个波普艺术收藏者所委托的肖像画,安迪将她带到自助照相亭,那机器为她拍了无数张照片,比理查德·艾夫登(Richard Avedon)[①]还好使。安迪选出一些最好的照片制作丝网画,并把它们集在一起连成带状(或是请其他人将它们连起来),仿佛刚从照相室洗出来一样。他喜欢照相亭,它的廉价,它的自助性质,它与照相艺术身份确认这一功能的联系,它激发前来照相的人自发表演的能力,以及它与天主教告解室和投票亭的相似性。有了照相亭,你就可以为自己"投票",那是安迪喜欢的一种政治模式。他

---

① Richard Avedon(1923—2004),美国摄影师,曾拍摄过玛丽莲·梦露、奥黛丽·赫本、鲍勃·迪伦等,作品集有《镜中女人:1954—2004》《肯尼迪家族肖像》。

将自己的照相亭快照再生为或神话为丝网自画像。1966年,他还基于快照相片制作了女演员兼艺术商霍利·所罗门(Holly Solomon)的丝网肖像。霍利向我描述她初次见到作品时的惊愕——她觉得那让她看起来像"浑蛋"。实际上,这让她看起来像一个沃霍尔作品中的女人:重复却又静止不动,色彩明亮然而又显得那么遥远,看上去毫无弱点。在埃塞尔和霍利的这些图像中,安迪首次意识到,这些并不出名的美人,可以通过丝网操作,营造出类似玛丽莲·梦露或伊丽莎白·泰勒的那种特质。无论谁第一眼瞧见所罗门或斯卡尔的画像,都会认为这样的女人是银幕名人,而非艺术界的人物。利用这些肖像画,安迪创造了艺术明星,并在有限的生命和神性之间架起了一座桥梁。

不过,这时期安迪最有野心的肖像描写项目不是出现在美术领域,而是出现在电影领域:他的《试镜》(*Screen Tests*)系列开始于1964年,是与杰勒德·马兰加合作拍摄的(1967年安迪与马兰加出版了同名书籍《试镜》,其中包含试镜的剧照,以及马兰加的诗歌)。显然,试镜是一种强制行为,一种心理折磨:每个应试者须在三脚架上的16毫米镜头前端坐三分钟——不准动,有时

甚至不准眨眼。应试者会用活动或表露感情来抗议沃霍尔手中类似惩罚之眼的摄像机镜头。最终，安迪完成了五百多人次的这类试验——每次试镜的结果都是一盒未剪辑的百英尺无声电影胶片。观看这一大堆试镜视频的体验，彻底改变了我对人类面容的态度：我意识到自己从未有足够的仁爱或宽恕之心观看陌生人的面貌。并不是说沃霍尔的凝视充满爱意；从他们的表情来判断，这些坐在镜头前的人把试镜当作是一次严峻的考验，一次带有惩罚意味的摸底，而他们只能以不露声色来抵抗。（吊诡的是，沃霍尔告诉应试者不要表露感情，但是如果他们听从了这指示，就会违背他没有说出来的愿望，即激怒受害者，让他们跌入明显的崩溃状态。）不过另一方面，每一位受试者似乎也在评判沃霍尔的计划——挑剔地盯着沃霍尔的镜头，不接受它的标准，通过冷漠地反馈给它一个机械的正面像，进而转移它的注意力或让它拍不出理想的效果。安迪是在检验他的摄像机，测试摄像机究竟可以多近地窥探人们内心的秘密。同时他也在测试应试者的遮蔽——他或她防御、抑制，以及拖延的能力。

有些作家是适应能力特别强的试镜者：他们可以有效

地回避摄像机的无声探查，因为他们的法宝是无形的文字表达能力。沃霍尔让苏珊·桑塔格（Susan Sontag）试了大概五次镜——她代表的是知识界，这个阶层偶尔会对沃霍尔的工作表示赞同，但更多的时候却忽略他，认为他缺乏高度的严肃性。这组试镜一步一步地渐次勾勒出她对自身魅力的展现，起初她的面容还稚嫩，心神不宁，且有些笨拙，但是到后半部，她就有了法国影星般的自信和美丽。让沃霍尔热衷于给桑塔格试镜的另一个原因是她曾捍卫地下电影制片人杰克·史密斯（Jack Smith）的作品；而她论"坎普"的文章[①]可能是沃霍尔1965年的电影《坎普》（*Camp*）的来源之一。在这部影片中，史密斯露面了，他问导演："我现在打开壁橱吗，安迪？"——好像安迪的壁橱曾经是关着的！桑塔格亲自参与了为BBC制作的一部沃霍尔纪录片；在这部纪录片中，桑塔格到访"工厂"，身后跟着BBC拍摄团队；她坐下试镜，安迪在一边观看。杰勒德对BBC说"他在镜头前会害羞"，于是安迪的摄像机嫉妒病又犯了：就如同

[①] 20世纪60年代，苏珊·桑塔格以札记形式讨论了一种现代的综合感受力"坎普"，题为《关于"坎普"的札记》（"Notes on Camp"）。此文后收录于她颇有影响的《反对阐释》一书。

比较身体方面的禀赋，他问桑塔格，"你的摄像机怎么没一点噪声？"他告诉她，他的下一部电影将拍玩脱衣扑克，四个男孩和三个女孩，还问她："你会玩脱衣扑克么，苏珊？"

安迪乐于审视像桑塔格那样的知识分子，还利用"试镜"把艺术界的大亨置于压力之下。肖像影片《亨利·戈尔德扎勒》（*Henry Geldzahler*，1964）其实是一次时长九十九分钟的试镜。影片中，他让艺术馆长亨利尴尬不已。尽管只有亨利一个人出现在取景框内，这电影却似乎是沃霍尔和戈尔德扎勒这两个讨厌家伙的画像，他们同坐在一个房间里，试图互相引诱但毫无成功的可能；双方都不觉得对方足够性感，因此谁也没有移动、靠近。亨利试着努力摆出舒服或有魅力的造型，但没有效果；他摩挲自己的腹部，又打喷嚏又擤鼻涕，还用手帕擦拭前额。他摩挲沙发表皮，又挠挠自己的脸；如此渴望触摸，他提醒我们：摄像机可以凝视却无法触摸。随着时间的流逝，我们意识到亨利还是亨利自己，尽管经历了这么长时间的努力；我们——亨利，安迪，你，我——实际上都被迫在各自全部的生涯中保持着自我。亨利时不时为安迪的电影艺术点个赞；但是安迪一定也时不时感到亨利

有教养而又含讽刺味道的口气所带来的鞭挞，因此，即便这部肖像影片展现了安迪要将亨利塑造成一个美男子的慷慨尝试，但实际上却成为对亨利的一次迂回式报复，也是对所有那些认为沃霍尔装腔作势、发疯搞怪或迟钝土气的无情的高高在上者的迂回式反击。

沃霍尔的镜头能够折磨男人和女人，但对"变装女王"不适用：他们的外形本身已经是一出高难度的表演——在这表演中他们既是导演又是明星。在60年代，安迪杰出的"变装女王"是马里奥·蒙特兹（Mario Montez），"她"以前是杰克·史密斯电影中的演员，与史密斯的爱人马丽娅·蒙特兹（Maria Montez）同姓。马里奥出演了数部名为《马里奥香蕉》(*Mario Banana*)的沃霍尔短片。影片中，这位波多黎各邮局工人，穿着醒目的女装，慢慢吃或吮着一根香蕉。在由罗纳德·泰维尔（Ronald Tavel）编剧的《试镜（2号）》(*Screen Tests #2*, 1965）中，"她"在试演《巴黎圣母院》中驼背怪人的恋爱对象埃斯美拉达——这是马里奥在安迪电影里扮演的最出色的角色之一——此时，荧幕之外的泰维尔叫喊着鼓劲，如果不是因为马里奥沉静的面容——更关心妆容而不是戏剧的成功——那鼓劲就有点虐待狂的味道了；

"她"的头发有几缕不停飘进嘴里,"她"反复用手将其拨开。

在另一部重要的影片,即拍摄于1965年的《再来些牛奶,伊薇特》[*More Milk, Yvette*,又名《拉娜·特纳》(*Lana Turner*)]中,马里奥扮演拉娜(Lana)。这部电影特别有趣,因为它在一幕剧中展示了一个完整家庭——虽说出于虚构、戏仿,却是典型的三口之家;同时也因为沃霍尔的拍摄手法是那么古怪、狂躁而富有表现性:它展现了他那充满好奇心的冷漠的实质。探究性的摄像机晃晃悠悠给地面上的鞋一个特写,然后突然转向,研究起屋顶;又随着性感的马里奥所唱《日夜》(*Night and Day*)的节奏,时而拉近,时而推远镜头;还检查一位年轻男子的裆部(穿着牛仔裤),他长得像鲍伯·迪伦,在拍摄过程中吹着口琴,就像希腊悲剧中神政意义上不偏不倚的评唱队一样,他不是对剧情的注解,而是在回避剧情;又研究起一堵中屏浮动墙与地板的结合部;细察马里奥身上针织衫的材质;然后再次转向天花板,仿佛想飞至如同牢房般的电影制作间的上方,超越感知的限制。摄像机对待表演者,很大程度上就像《黑胶》里伊迪对待受折磨的杰勒德一样——仅仅作为一个近在咫尺却又无动于衷

的目击者。拉娜的女儿谢丽尔（Cheryl）由一位硬朗的年轻男性扮演，他模仿白兰度、迪恩、马兰加或影片《口交》中的演员；自然，母亲与"女儿"之间会亲吻。马里奥说："我有个儿子，名叫谢丽尔。"母亲和儿子共吃一个汉堡，共饮仆人伊薇特拿来的一杯牛奶——伊薇特服从马里奥专横的指示，"再来些牛奶，伊薇特"。实际上，这部电影是对母性范畴的银幕测试，是对拉娜照看谢丽尔、伊薇特照看拉娜、茱莉亚照看安迪，以及安迪照看他的"工厂"大军这种母亲身份的一次检验和祛魅，同时，它也呈现了摄影师安迪以及吹口琴的"小精灵"对这个明星家庭的性怪癖、性变异的漠不关心。

马里奥变形似的由这套衣服换到那套衣服，缓慢地脱衣、穿衣，消磨着她自己的时间——评论家帕克（Parker Tyler）称之为"变装时间"（drag time），与"嗑药时间"（drug time）相对，它们是沃霍尔电影的两个基本时钟。马里奥的变装时间，与伊迪在影片《贫穷的女富豪》或《黑胶》中的时间是同步的——那是一种可能被严格的怀疑论者视为迷恋自我而陶醉于自我的节奏，但是，请恕我自命不凡，也更宽容地视其为对构成现实的种种"分裂"的一次探究。通过这些放慢了的节奏，沃

霍尔探究一个女人或男人，或一个装扮成女子的男子，如何分裂成"观察的自我"和"经验的自我"两种状态；他也在探讨人的意识何以是一场对话，就像一次电话闲聊，故而拖拖拉拉、缓慢、琐碎。怀疑论者还会批评《再来些牛奶，伊薇特》太沉闷无聊。然而我认为它充满悬念：沃霍尔为其演员设置的情境是艺术地激发起来的折磨，而我们则紧张或兴奋地想知道马里奥是否会被引诱、强暴、裸露、受爱慕还是被羞辱。（所以这些情况都是可能的。）这里有些悬念：她会屈从于折磨，还是保持一个沉默的女王形象？她会辜负这次试镜，还是会崩溃？又或者她会维持她的假象，对着空气唱"如果我爱你"，反复演绎她那摇摆于喜剧动画片和严肃艺术片之间的好莱坞原型［拉娜（Lana）、《旋转木马》（*Carousel*）］？在《再来些牛奶，伊薇特》中，沃霍尔不是在他自己的身体里，而是假借马里奥扮成拉娜的身体沉思，这给了安迪一个借口去唤醒他自己的特性，并卸下"沃霍尔"或任何一个"我"的面具——它只不过是一系列歪曲和替代物的总和。"我的名字是拉娜·特纳。"马里奥说，用一种不言而喻的语气，带着可笑的严肃——所谓"不言而喻"，其实要求无数卷影片做证据。没有谁的身份是不容置疑的：

不论是拉娜、马里奥，还是安迪。每个人都需要通过试镜，去看看是否可以现出面孔之下真实的自己。

20世纪60年代中期，"工厂"中另有一位躲过了摄像机折磨的演员——但愿那是因为摄像机忽略了她——她就是多萝西·迪恩（Dorothy Dean），一位才华横溢、受过哈佛大学教育的艺术史学者和编辑，同时也是那时沃霍尔圈子里起重要作用的唯一一位黑人女性。当然不是说她会乐于被称作黑人。批评家希尔顿（Hilton Als）在《女性》(*The Women*)一书中描述迪恩对非反讽性种族身份认定的反应：她曾被《本质》(*Essence*)杂志解雇——迪恩声称那"证明了黑人很可怜"——据说是因为她建议把封面照片中的安迪涂成黑脸。她出现在沃霍尔1965年拍摄的好几部电影里，其中出镜最多，然而也最不幸的，是在实际上是为伊迪定制的影片《午后》(*Afternoon*)当中，迪恩被放在一个很不舒服的外围位置。伊迪曾在《黑胶》中担当抢镜的"吉祥物"，这角色虽然与影片的主情节沾点边，却与主体情节的推进毫无关系；《午后》中，迪恩也是出演"吉祥物"，但没能抢镜，因为沃霍尔的镜头忽略了她。我们能听见屏幕外安迪指导拍摄的声音。实际上，这也许是最明确地显示了安迪在场的电影，因

为多萝西有一次直接对摄影机后面的那个人说话,叫他"德瑞拉"(Drella),那是她(或其他什么人?)给安迪起的绰号。正是在多萝西狡猾的煽动下,其他人也问起德瑞拉问题,于是他成了一个讨论的焦点——折磨转向了折磨者。确实,这影片可以加个副标题"德瑞拉的画像"(Portrait of Drella)。德瑞拉试图挑起剧组成员间的争斗。他鼓动多萝西对她的密友、富有的哈佛白人男子阿瑟(Arthur Loeb)"做些令他长记性的事";作为回应,她掐了阿瑟一下。安迪又让另一个人去"找昂迪恩的碴儿",要多萝西去找伊迪的碴儿。争吵逐渐升级,伊迪说:"我受不了人打架。"由此我们感到伊迪真的厌恶冲突,而《午后》中这带有攻击性的恶作剧正是为了扰乱她的情绪。这帮人服用安非他命;多萝西摘下了她那具有学究气的眼镜,而伊迪戴上了它。作为交换,多萝西试戴了伊迪的珠宝首饰。彼此的交换仅此而已。多萝西绝不会成为伊迪;作为《午后》中的边缘人物,她是较明显地受沃霍尔规矩折磨的人之一,尽管她精湛的语言艺术,她直视摄像机后面的德瑞拉,并通过叫他"德瑞拉"而把他的身份问题置于聚光灯下的胆识,都在证明她对折磨的抵抗力;这种抵抗力的基础是不被镜头当作焦点、不受干

扰。这部影片里许多时间她都低头看着自己的膝盖。她很生气;她从没能在安迪那儿有属于自己的定制作品;昂迪恩将一个塑料袋套在她头上,并在影片的最后时刻递给她药——一场悲伤的送别。试镜失败了,她知道。这个下午很漫长。然而沃霍尔不会称迪恩为"失败者",反而十分敬重她的表演。尽管多萝西·迪恩从未出名,但对于沃霍尔20世纪60年代中期的事业来说,她却和伊迪一样至关重要。安迪的事业和生活没有成为一种关于名声的理论(稍晚些的评论者会想当然地以为如此),而是成了一种关于关系的理论,一种对于人类束缚之结构的探究——这种对人类的束缚,是一张人际互属关系的网;而人际互属关系则既包含也超越那将名人与非名人捆绑在一起的纽带。他越想认同伊迪,希望成为她的孪生兄弟,他就越不像伊迪而更像多萝西,一个圈外人,一个不美的人——对这样的人来说,触碰(touch)并不是首要的精神方言。

我一直在谈沃霍尔1965年的电影,而没有谈他的绘画,因为1965年5月,在他巴黎的花卉画展上,安迪宣布退出绘画领域,以便全身心地投入电影制作——这

是一次背叛，无论多么戏剧性，多么夸张，他的受众仍然很难接受。沃霍尔的这次大胆宣示在1964年已有预兆——那是在伊迪来"工厂"之前，也是安迪烧钱的电影拍摄活动迅速发展之前——那一年，他的艺术冒险走入了三维互动形式。

1964年，沃霍尔受菲利普·约翰逊（Philip Johnson）邀请，装饰世博会纽约州馆的外墙。沃霍尔选取被FBI通缉的男性罪犯的面部照片制成丝网画，然后用这些丝网画做成纤维板网格，装在建筑的外墙上。画挂上去后，抗议声随之而来，于是作品又被撤下。沃霍尔提议用二十五幅本届世博会策划人罗伯特·摩西（Robert Moses）的丝网形象替换这令人不快的"通缉犯"。这个提议也被否决了。最终，沃霍尔在那壁画上面覆盖上一层银色涂料。表面上，沃霍尔的首次公共艺术探索失败了，但是作为一次概念表演，它却是成功的。回头去看，被抹去的"头号通缉犯"已经成为他最有力的宣言之一——之所以有力，部分也是因为这作品的幻灭。在壁画消失这一危机中，安迪展示了他狡猾的温和抗争模式：消失、飘走、不抵抗。在遭遇强权时，示弱、蒸发，变成一片银色。沃霍尔让这些男人头像蒸发为不辨面貌的银雾，好

像他一定经历过太多自己所渴望的东西渐渐消失而进入抽象状态，如同那被拒绝的挑逗消失于这坚硬的空白墙。就像典型的沃霍尔风格一样，这件作品的力量也是基于一个双关语："想要的"或"被通缉的"（wanted）。正如评论家理查德·迈耶（Richard Meyer）已经指出的那样，这些人被FBI通缉，但更重要的一点是，他们也是沃霍尔所需要、渴求的。对于沃霍尔而言——即使不像对他前面的让·热雷（Jean Geret）而言那么强烈——罪犯也是明星；沃霍尔将用他的职业去证明，某段时期内有些欲望是犯罪，是反社会的（比如在1964年，连他对男性的欲望都是不合法的）。最终，通过这件被涂掉的公共艺术作品——就像劳申伯格的名作《被涂掉的德·库宁素描》（*Erased de Kooning Drawing*）——沃霍尔宣传了擦去和消失的愉悦，同时也揭示了他所创造的任何一件空白表面——整个被漆成了银色的"工厂"，涂成单一颜色的画布——总是隐藏着一次失去。"压抑"散落于沃霍尔营造出的空白延展之处；"删除"隐匿于他没有表情的仪表之下，或藏于坚实的单色画布背后——他有时把单色画布作为坠饰贴在丝网画上，以提高作品价格，并去除其匹配图像的稳定性。

同样是 1964 年春天，沃霍尔展出了他最为大胆的雕塑系列——表面印有丝网版绘的盒子（boxes），效仿百货商店包装布里洛海绵、亨氏番茄酱、金宝汤番茄罐头、凯洛格玉米麦片及其他商品的包装盒。缄默的沃霍尔用这些盒子让我们大为震惊，惊异于它们所承载的暗示性语汇——那些已脱离百货产品语境，如今发挥着令人不安的暗讽和挑衅功能的语汇。这些盒子给出一个它们没法兑现的承诺：犹如邀请人去跳一支从不起舞的华尔兹。借助文字，这些盒子宣告它们的巨大，或它们所要装的产品的大体量：比如，"亨氏"包装盒上的广告语是"世界上卖得最好的番茄酱"，而"布里洛"包装盒承诺内含"二十四包超大号"海绵。就像是沃霍尔的搞笑脱衣主角，这些盒子以漫画手法描绘男子气概：超大号，最大！而实际上，它们只是盒子，而且是仿制品。他或许在暗示，男子气不过是个响亮的谎言；如果简化为抽象形式，男子气就像个盒子（box）一样，"空"且"无"——粗话中，"box"指女性阴道（一个事实是，热衷于使用"猫咪/pussy"和"海狸/beaver"这两个词的"沃霍尔小姐"不可能忽略这一点）。男子气概作为一个身体系统是失败的，就像番茄酱几乎不会倾泻而来一样：即便世界上卖得

4. 折磨　123

最好的番茄酱就在他面前的一个瓶子里，沃霍尔也无法让那红色的酱从艰难的倾斜中流出来。沃霍尔经常把自吹自擂的男子气概形容为空虚：他 1960—1961 年创作的画中，有一幅画明确标示"3-D 吸尘器 / 实际尺寸 / 优惠价"。吸尘器——空虚，空洞——兼为男妓：沃霍尔最容易从男妓、男人，以及可以优惠得到的艺术品这类东西上感受到"空"的切实诱惑，生活富裕、自在，通过简便的艺术技巧，就能把他不快的内在之物方便地疏散出去，转移到肌肤之外。

盒子自夸其大，但也乞求被打开。德尔蒙特（Del Monte）盒子顶端给出了如何打开的指示："打开方式——压下 / 拉起"。观者被邀请参与一个不可能的行动——打开一个并非真实盒子的盒子。亨氏番茄酱盒子也标明了开口的位置："朝反向打开 / 此面朝上 / 防止破损"。这些盒子——就像古板的维多利亚女人，在面对性要求时装成虚弱和害怕的样子——难以打开，或根本打不开，而其力量在于它们色彩斑斓的视觉冲击，在于它们为清洁（"肥皂擦布"）、打扮和永远年轻（"防锈剂"）所做的大分贝宣传，当然是为了销售。把我带回家！盒子叫喊：那是一种自我宣传的热情，令观者迷乱并阻止互动。这些

没有开口的盒子似乎是安迪身体的幻象——一个酷儿的身体，它想被侵入或去侵入，但是又给出了太多假象，太多面，太多的自夸成分，却没有真正的开口。可是，如果你把盒子看作是安迪的伤痛的象征，那恐怕是个错误。相反，这些盒子——大声叫喊"新"——代表那令他自豪的不可穿透性；他已经从"安迪纸袋"晋升为"安迪盒子"，而盒子当然是比纸袋更坚固也更耐久的容器。他对百货店包装盒的积极拥抱是一个聪明办法，可以让他把自己同时定位为一个杜尚风格的观念艺术家，和一个深入地致力于女性世界和母性艺术的人。

沿着"无法打开的盒子"的逻辑向前推进，1966年4月，作为他与绘画艺术告别的具体体现，安迪展出了"银色云彩"系列：那是些充满氦气、飘浮在空中的聚酯薄膜枕头。（它们看起来就像没有标签的金宝汤罐头）安迪让里奥·卡斯特里画廊的一间屋子充满了"银色云彩"，而相邻的一间屋子则贴满壁纸：壁纸底色为黄色，上面印着粉红色奶牛丝网图案——当然是一模一样的粉色奶牛不断重复。[1967年，沃霍尔在接受《小姐》（*Mademoiselle*）杂志的采访时，确认他考虑与绘画告别，他说："我讨厌墙上有东西。不过，如果是装饰整间

屋子，那就没问题。"］在卡斯特里画廊，是化为云彩造型的盒子或罐头，它们内部空空，因而可以飘离地面，像吃草的奶牛那样相互碰撞，或慢慢飘离这个房间，从展厅消失。确实，这些枕头不守规矩；它们就像是倔强或智力发育有缺陷的孩子。它们是缄默的。它们的表面都镀成了镜子。它们代表了沃霍尔追求完美的沃霍尔人格或其面向公众的那一面：它们的运动沉稳、不可预测、不合群；它们能够反射出你自己的形象；它们充气膨胀，渴望无限。在一盘记录安迪在"工厂"屋顶为其"银色云彩"的一个早期版本揭幕的录音带里，他显然很高兴，也显然确信轻飘飘的东西注定要嫁给天空：当那银色结构（一件"无限雕塑"）上升，消失，融入云彩和浩渺的蓝天，他高兴地尖叫起来。任何写下的语句都无法捕捉沃霍尔看着他的银色结构渐渐飘走时［有时，他会插嘴给制作云彩的设计师比利·克吕弗（Billy Kluver）一些提示］那兴高采烈的完美时刻。他叫着："天哪，这太棒了！哦，哦，天哪，这真是个奇迹，比利！……它要飞走了！就像电影一样！真是太棒了！对于我来说这是最值得兴奋的事情之一。它们真是太美了。你看，比利，它们是无限的，因为它们飞进天空。哦，真是太美妙了！

天哪……比利，你知道我们的电影该叫什么？上升电影（up movies），也是上升艺术。"同时，这也是在提升自身：这些枕头给了安迪指责艺术，放弃艺术，消除艺术对感官的束缚的巨大快感——因为一幅画飘走意味着少了一幅弄乱墙的画。就像他在《波普主义》里回忆的那样，"我觉得我的艺术生涯从窗户那儿飘走了，就好像画刚刚离开墙并飘走了"。

"银色云彩"兴奋得飞上天——或许被下了药，但是很高兴就这么离开，就这么抽身远去。而（墙纸上）奶牛却在集体服另一种药：镇静剂。它们代表了沃霍尔气质中笨拙的那一面。像"银色云彩"一样，奶牛茫然地聚集在一起，从不会形成有秩序的群体。安迪喜爱动物：想想他50年代的猫咪，还有1965年的电影《马》（*Horse*）——那可是由一匹真马来主演的，拍摄时，剧组里的人试图骚扰它。（作为回应，马踢了其中一位冒犯者。）这匹被围困的马与人类的性毫无关系，这似乎隐喻沃霍尔装出来的远离情欲互动的状态。确实，他让马作为其嗓音的替代者，电影中他在马的嘴边安上了麦克风，就好像这只动物即将放声歌唱或接受采访。这匹马像墙纸上的奶牛一样，让安迪有机会嘲弄他那沉默寡言的公

众形象。在拍摄《马》的过程中,屏幕中漆成银色的投币公共电话响了好几次,安迪没有中断摄像,而是直接出现在画面里,接起电话来。马身上的麦克风捕捉到了安迪说的话。在他的电影中,那是离"声音自画像"最近的一次。而他也深深陷入了与麦克风的爱恋。他最初使用磁带录音机是在20世纪60年代中期,也许可追溯至1964年,而这录音机成为他日后永久的陪伴,让这个沉默寡言的人借此留下了大量珍贵的语录。然而,他对声音的矛盾态度仍然存在:就像因有声电影的诞生而深受打击并面对自己的落伍的好莱坞默片影星,安迪对其第一部有声摄像机的租金的回应,是拿它拍了一部地道的无声影片——长达八小时,没有对话,没有音乐,也没有舞蹈的《帝国大厦》。这部1964年的影片是他众多影片中最声名狼藉的一部,主角是一动不动的纽约帝国大厦;它就那么牢固地待在那里,古怪的躯干,像死去的玛丽莲·梦露,忍受着夜晚的降临和冷漠的探照灯光柱。

在1964年和1965年,沃霍尔迷上了他此后岁月中一直感兴趣的开幕式。比如艺术开幕,就像他自己在费城当代艺术研究院(Philadelphia Institute of Contemporary Art)举办的轰动一时的展览,他和伊迪及随行人员一同

出席了开幕式。另一场备受赞美的聚会是在"工厂"内举办的：那是1965年春天，由电影制片人莱斯特·波斯基（Lester Persky）组织的名为"最美五十人"的聚会，来宾包括田纳西·威廉姆斯（Tennessee Williams）、鲁道夫·努里耶夫（Rudolf Nureyev）、蒙哥马利·克利夫特（Montgomery Clift）和朱迪·嘉兰。这类聚会不单单是娱乐。它们是世俗的"圣体盒"，据称是为了宣传他的新艺术。他确保"工厂"里的生活能得到全方位的记录：室内摄影师是比利·内姆，但也有其他一些人提供自愿服务。一位热心的高中生小伙子斯蒂芬·肖（Stephen Shore），从1965年起就在"工厂"内闲逛并拍摄照片；伊迪根本不理睬他，但是安迪曾追求他，当然被断然拒绝了（斯蒂芬表明了一个令人沮丧的事实：他是直男），不过斯蒂芬和安迪走得非常近，甚至拍了一张安迪与某位匿名男子做爱的照片。斯蒂芬拍的照片，有力地宣传了"工厂"作为迷人的银光暗影逍遥窝的形象——这些照片和内姆拍的照片一样，后来集成一册，借1968年斯德哥尔摩当代美术馆举办的沃霍尔回顾展之机出版发行。如果没有这些相片，我们就不会像今天这样见到沃霍尔60年代所处社会环境的浪漫图景，也不会对他的工作室有一种欢

欣鼓舞（有时或许是妄想的）的感觉，视之为一件"综合艺术作品"（Gesamtkunswterk），一个作为"综合艺术"的环境——集聚会、场景、造型、舞台效果、友谊和各种不合时宜的感情于一体。内姆和肖所拍的黑白照片是沃霍尔的自我宣传广告，也是他企图不朽的一种途径。虽然奈特·芬克尔斯坦（Nat Finkelstein）拍了令人难忘的60年代"工厂"的彩色照片，但是色彩改变了我们对沃霍尔的感知。他还是更适合黑白照，这样他发青的面容看起来就像是银色提纯妆。黑白两色让他显得更帅气。

照片是广告宣传；而沃霍尔对广告向无顾虑。他曾于1966年2月10日在《乡村之声》（*Village Voice*）发布公告："我正式声明支持以下东西：AC-DC服装、小香烟、磁带、音响设备、摇滚唱片，随便什么东西，电影和电影器材、食物、氦气、鞭子。还有金钱！！爱你们的安迪·沃霍尔，EL 5-9941。"随心所欲的背书成了安迪的名片。

让安迪远离美术馆的一次背书是他以制作人的身份投资"地下丝绒"乐队——那是由卢·里德（Lou Read）、莫琳·塔克（Maureen Tucker）、约翰·凯尔（John Cale）

和斯特林·莫里森（Sterling Morrison）组成的一支摇滚乐队。他们的歌有许多崇拜者，但是于我而言，这可能是沃霍尔世界中我难以共鸣的一面，因此，我恐怕要放弃任何分析的企图。沃霍尔"工厂"是好几种音乐的家园，我希望我的耳朵能够听出此中奥妙。罗尼·卡特龙（Ronnie Curtrone）告诉我：在那里你会"死心塌地崇拜玛丽亚·卡拉斯（Maria Callas）"，因为昂迪恩确信，卡拉斯是那个时代不可或缺的天使。然而是地下丝绒，而不是卡拉斯，定下了沃霍尔"工厂"的旋律。这个乐队以"不可避免的塑料爆炸"（Exploding Plastic Inevitable，常简称 EPI；最初名为 Erupting Plastic Inevitable）之名，由安迪支持在纽约临床精神病学学会的晚宴上首次亮相——这是一次并不和谐的首秀——此后，便开始在圣马克广场的波兰之家演出。在这些演出中，沃霍尔放映他的电影，斯蒂芬·肖等人用彩色凝胶表演灯光秀，而穿皮裤的杰勒德·马兰加［由玛丽·沃若诺夫协作，有时是罗尼·卡特龙（Ronnie Cutrone）］则表演鞭子舞——以一根粗长的皮鞭作道具，疯狂摇摆。EPI 由声响和感官交织而成的眩晕狂潮代表了一种新兴的艺术类型：多媒体即兴表演。

沃霍尔喜欢杰勒德的鞭子舞，但是我猜想，他从德国模特克丽斯塔（Christa Päffgen）的外貌中感受到了更温馨的认可。克丽斯塔绰号妮可（Nico），在乐队旁演唱——如果"唱"是一个合适的词形容她那有气无力，如梦吟一般缓慢而近于死亡之点的嗡嗡声。她进入"工厂"的时间差不多是伊迪离开的时候；妮可具有北欧人的苍白脸色，她的白色鬓发，宽宽的额骨和慑人的双眸，散发出一丝冷酷气质，那正是拥有斯拉夫容貌和银色头发的安迪自己所具有的冷酷气质；这两人是类似的食尸鬼（对人的苦难、死亡、尸体有变态的兴趣），一对冷漠、刻薄的兄妹。和安迪一样，她也讨厌别人触碰她。

这舞美场景包围着妮可和丝绒乐队，是一幅欢快的施虐狂或受虐狂似的图景。乐队演奏的高分贝音乐折磨着听众的耳膜。杰勒德的鞭子舞则象征着惩罚。妮可和乐队之间的疏离——她的外来性质，使她在乐队中犹如狼群中的女孩——是另一种折磨：她是乐队的灾星，乐队也是她的灾星，因为他们彼此从未完全属于对方。在沃霍尔为这个乐队制作的一部极有趣的影片《地下丝绒》（*The Velvet Underground*，约 1966）中，那个欢快而颇有些男子气的年轻姑娘、鼓手塔克在整个拍摄过程中都

被绑在椅子上。然而，尽管常闷闷不乐，妮可从不忙乱。她有一种冷淡的气质，或曾令其周围的许多人感到手足无措，甚至包括她深爱的小儿子艾瑞（Ari）。孩子的父亲据说是演员阿兰·德龙（Alan Delon），但他拒绝承认。我们可以在沃霍尔的另一部电影《地下丝绒与妮可》(*The Velvet Underground and Nico*，约 1966）中见证妮可如何最美妙地展示她的冷漠和残忍（据哲学家德勒兹所言，这是受虐狂准则）。这部电影突出了两种痛苦，都是教导式的。第一种痛苦是视觉方面的：沃霍尔快速移动摄像机造成的震荡晃动，以及时进时出、飘忽不定的焦点，弄得观者眩晕恶心。不过，拍虚了的物体也有好处，即它们可以和其他东西类似。模糊性允许变化和隐喻发挥作用：如果在焦点之外，妮可就可以看起来像其他人，包括安迪，或是安迪的母亲，或伊迪，或是整个"片场帝国"，或一群替补演员。影片中的另一种痛苦是其儿子艾瑞的处境——乐队排练时，这个小男孩在她脚边玩耍。妮可无精打采、死气沉沉地坐在高脚凳上敲手鼓，空洞的目光注视着儿子的那一头金色鬈发——他无疑被乐队的巨大声响弄懵了。艾瑞与妮可之间的疏离感就像妮可与乐队之间的疏离感——她本该和乐队配合

的。那极不稳定的镜头——模糊而且快速移动着——模拟着这种无关性：它确保没有一个人一定属于哪里，或一定承载某种功用。艾瑞和妮可彼此分离，妮可与乐队之间也缺少连接。安迪的双重眼光——他的视觉诉求掩盖了不快——呈现了双重的疏离，即母亲与孩子之间的分离，如同女歌手与其所结合（只是名义上的结合）的乐队之间的疏离。安迪风格强劲的拍摄艺术为我们了解艾瑞的伤痛提供了一个绝佳的入口。他是出现在沃霍尔影片中为数不多的孩子之一，也正由于他的在场，把一部关于地下丝绒乐队彩排的简单纪录片转变成了对母子关系的描写，而且，不可避免地——只要顺着隐喻的迷宫前进——转变成为对安迪自己的母性哲学的描述。艾瑞没有签那种毫无保留的沃霍尔式的合约，根据那合约，演员们不得不妥协，根据需要而展示不同的自己；艾瑞恐怕是沃霍尔影片中我们有充分理由给予同情的唯一演员——他无意之间参与了一场与妆容和教养有关的精神错乱症的净化仪式。

妮可最让人记忆深刻的电影形象是在沃霍尔的杰作《切尔西女郎》中。那是一场长达三个半小时、双屏放

映的盛大表演。《切尔西女郎》在1966年秋天上映，并1967年年初成为第一部在商业影院放映的沃霍尔影片。它也是第一部赚钱的沃霍尔影片：在此之前，沃霍尔一直通过卖画来为他在电影事业上的冒险提供资金。许多他身边的随行人员都在《切尔西女郎》中出镜；作为1966届"沃霍尔班"的年度演出，这部电影热情地去窥探沃霍尔的女子学校——比如家、健身房、盥洗室和餐厅，所有这些集中于西区23街切尔西酒店的小空间。有时候，布里吉德·柏林（Brigid Berlin，也叫"公爵夫人"）和其他随行人员住在这里。这切尔西酒店（Chelsea Hotel），就像"综合医院"（General Hospital）、"佩顿地区"（Peyton Place）或其他地理框架一样，是一个方便的盒子——可能是沃霍尔所发现的最理想的盒子——可以把他的模块化形象聚集成一个可理解的系统网格。（每一卷胶片都是作为独立作品拍摄的，然后拼接起来组成影片《切尔西女郎》。）这部影片中，沃霍尔给我们展示了一间心理酒店，以及对酒店女郎的完美写照——那些脱离了固定之地的严谨与刻板的慵懒灵魂。

《切尔西女郎》是由双倍模式组成的：两块屏幕，两卷不同的胶片，以交错的节奏同时放映。就如同挑选爱

双胞胎中的哪一个——总是个艰难的选择——观众必须选择看这一块屏幕，还是那一块屏幕：尽管令人兴奋，但确实很难同时关注两块屏幕。影片透彻地阐明了一个两难处境：任何一个人都只有有限的能力去爱别人或吸引别人。我们每天都在忍受这种达尔文意义上的情感匮乏，安迪也不例外。他被这些饥渴的暴露癖包围着，但他不可能是他们所有人的救星。作为替代，他有时候会默默地顺从他们，给予他们镜头之爱。他的镜头纵容他们每一个，但是也不平等：不平等孕育竞争。而且，如果安迪关注他们，那么世界就会更多地关注安迪。这是给他的补偿。一个人获得爱是以另一个人失去爱为代价的：因此，屏幕为获得我们的青睐而竞争。观看《切尔西女郎》的观众，将会被其中一块而不是另一块屏幕深深吸引，因为一块是彩色的，另一块是黑白的；又或是因为一块是有声的，另一块是无声的；再或，是因为其中的一个更性感。安迪知道，明星界依靠人们的追捧关注：尽管这关注并不钟情，常常有些古怪。目光（或是心灵）总是喜欢人物 A 比喜欢人物 B 更多一点。人物 A 是明星，人物 B 不是。A 之所以为明星，是因为 A 能让人着迷——通过美，引诱，高识别度，多彩多姿，有时——作为最

后的手段——通过语言的皮鲁特旋转①,即"模仿言语"②的不经意流露。

《切尔西女郎》以妮可在叫喊的冗长特写镜头结束,彩色的灯光照在她脸上,像善意的伪装,又像残忍的划痕。影片也是从妮可开始的。右面的银幕中,在一个厨房里,妮可当着她儿子艾瑞和一个梳着金发辫子、昏昏欲睡的年轻男子艾瑞克·艾默森的面剪她的刘海。艾瑞克是个嬉皮士、舞蹈家、自我陶醉的瘾君子——我们相信他心地纯洁。多么不真实的三口之家:艾瑞,妮可,艾瑞克!与这古怪的三人组合——圣母玛利亚(妮可)、圣父(艾瑞克)和圣子(艾瑞)——形成对比,在另一块银幕上,我们看到昂迪恩(人们称之为"格林尼治村教皇"③)正在听取超级巨星英格丽德(Ingrid)的忏悔——她是一个相貌平平的新泽西州女孩,在42街被发现并被带进"工厂"去奚落伊迪。

(关于超级明星英格丽德的一个简要说明:安迪逐渐

---

① 皮鲁特旋转(pirouette),芭蕾舞中的单脚尖旋转。
② Echolalia,机械且无意义地重复他人的言语,是精神分裂症的一种表现。
③ 纽约曼哈顿下城西区14街至西休斯敦街之间的区域,又称"西村"。

把英格丽德打造成新的伊迪,在此过程中羞辱伊迪,并刻意误导愚钝的英格丽德。然而英格丽德却习惯了聚光灯,并开始进行流畅的戏剧表演。最终,她的母亲在一份报纸上登了启事要她回家:"亲爱的,快回来吧。你不再需要见你父亲。一切都平静下来了。我们都想念你。你的'斯坦德尔帝国15'[②]在家里。快回来吧,这样我们就可以一起听《晨露》而不觉忧伤了[①]。"安迪喜欢"折磨"她,尽管他似乎也爱她。在20世纪60年代末或70年代初的一通电话录音中,安迪暗示其他人觉得英格丽德不具备超级明星的资质,是个"傻瓜";虽然安迪收回了这暗示——"你知道的,我没有叫你'智障'!英格丽德,没人说你'智障'!你在场的!英格丽德,我当时只是开玩笑"——但是事实很清楚,英格丽德被看作"智障"明星,是个笑话。《切尔西女郎》或任何其他沃霍尔影片中的人,没人愿意被看成是个笑话;每个人都是为了得到拯救而在拍片。英格丽德和我们这些人一样,可能从未实现这个目标。1986年,她消失了。)

[②] Standel Imperial XV,美国斯坦德尔公司生产的一款音响设备。
[①] 《晨露》(*Morning Dew*),加拿大民谣歌手邦尼·道布森(Bonnie Dobson)写的一首民谣摇滚。

《切尔西女郎》中,"教皇"昂迪恩在听英格丽德的忏悔,他们的那块屏幕(左屏,妮可在右屏剪刘海)自身又被一分为二:昂迪恩坐在右边自己的沙发或椅子上,英格丽德坐在左侧另一把椅子上。一条界线分隔了他们——不仅仅是两把椅子间的距离,还有厂房墙上的一条竖线。沃霍尔的银幕形象——通常是静态的——在构图上总有一种尖锐性,促使我们细致地对其加以阐释。这条在昂迪恩和英格丽德之间清晰可见的界线传递出了一个悲哀的事实,即无论她忏悔多少,他都无法洞悉她的思想。更令人难过的是,昂迪恩与英格丽德也绝无可能穿越到相邻的屏幕,走进妮可、艾瑞和艾瑞克佯装幸福之家的厨房。两个房间没有交流。唯有作为观众的我们,同时把两个房间纳入意识:我们的责任(沃霍尔在《沃霍尔的哲学》中写道:"我想我怀念一些……治疗责任心的药品")是给予其充分的关注,并通过完整、全面地吸收《切尔西女郎》来建立两个房间之间具有救赎意义的关联。

索取忏悔是折磨的一种模式,昂迪恩对听取忏悔的焦急渴望就像对药品的渴求一样。("我要听忏悔,就现在!"他不耐烦地喊。)他的表演在一个名为罗娜·佩奇

(Rona Page，不是明星)的年轻女子竟敢称他为"骗子"时达到了极点，他殴打她，扇她耳光；她逃离，昂迪恩大发脾气；我们原以为仅仅是在看一场按剧本进行的表演，然而幻想在这一刻破灭了。昂迪恩建议停止拍摄（"我不想拍下去了"），但是摄影机的镜头继续追着昂迪恩，想强行从他那里挖掘真理之酊[①]。昂迪恩预计他的爆发（愤怒）——也是他与脆弱、虚幻的屏幕之间的决裂——将使这部影片成为一个"历史性的记录"。他对罗娜·佩奇的侮辱，并不是这卷片子中唯一的折磨例子。在这卷片子开头，昂迪恩已经进行了自我折磨——或是说自我寻乐——往自己手腕上注射兴奋剂。

药物注射驱使着切尔西女郎。其中受药物影响最厉害的是布里吉德·柏林，绰号布里吉德·波尔克（Brigid Polk）。之所以有这个绰号，是因为她总给她自己和别人注射安非他命（amphetamine）——常常隔着牛仔裤就是一针，而且常常在别人没有要求的情况下，就给人一针[②]。关于她的那一卷胶片在右屏放映，左屏则是一个半裸的

[①] tincture of truth，指真理的蛛丝马迹。
[②] polk 是 poke（刺、戳）的谐音词，此文中指药物（毒品）注射的动作或行为。

男孩躺在切尔西旅馆的床上（挥舞鞭子的玛丽·沃若诺夫把他们中的一个捆了起来）。布里吉德尽情享受着药物注射，并给了超级明星英格丽德一针——英格丽德在这事上几乎没有选择余地：布里吉德说："玛丽，我想怎么戳就怎么戳！"在调侃她自己的注射时，布里吉德打趣说："他们奇怪我为什么会得肝炎！"布里吉德（或布里奇 Bridge），是一位不易相处的非传统女人，具有迷人的、难以捉摸的性感气质。她的父亲是赫斯特集团（Hearst Corporation）的老板，而她自己则断断续续地工作，或扮演沃霍尔的打字员、倾诉对象、电话女性知己和痴迷宝丽来"拍立得"的伙伴，直到沃霍尔生命的尽头。她总是扮演挑衅者，尽管她的攻击——法西斯般的尖锐，难以抑制的锋利，带着狂躁的上层社会的机智——常常瞄向自己：她引人注目的硕大身躯，她喜欢它闪耀在"工厂"的照片中；她的胸（她称之为"乳头"），她用它制作其著名的"乳头版画"（Tits Prints）。她还尝试"阴茎书"和"伤疤书"（Scar Book），记录其伴侣的身体特征（沃霍尔后来买下了她制作的贾斯伯·约翰的阴茎版画）。

最残忍的切尔西女郎——至少在影片中——是扮演汉诺·汉娜（Hanoi Hannah）的玛丽·沃若诺夫。穿衬衫，

打领带,她身着男性化的服装,挥舞着鞭子,罕见地在《切尔西女郎》中同时主宰着两块银幕——右边的玛丽和左边的玛丽如和谐的双胞胎。玛丽一度是杰勒德·马兰加的女朋友,而且在《切尔西女郎》的另一集,即"杰勒德·马兰加的故事"中承担了这一角色。那一集中,杰勒德和他令人敬畏的精神导师玛丽·门肯(Marie Mencken)坐在一张床上,而他的女朋友玛丽(Mary)则独自坐在同房间的另一张单人床上——这一集从头到尾她没有和杰勒德说一句话。他们就这样被困在两张分离的床上,陷于无法交流的境地。这种无法交流把两屏之间的分隔又加深了一层。杰勒德身着娇气的叛逆服装(条纹裤、网眼衬衫和珠串);玛莉(Marie)对他很粗暴:她抽打着床,责备他的毛巾太脏,又抽打着毛巾,并厌恶地称它为"上一夜的毛巾"。他怎么敢把上一夜的毛巾放在床上!"我希望有个女儿。"她叫道。玛莉(Marie)和玛丽(Mary)是一对,尽管她们彼此没有交谈,也尽管玛莉(Marie)喋喋不休的残忍——本质上是母性的、关爱的——无法匹敌玛丽(Mary)无声的怨恨。在另外一集里,玛丽(Mary)健谈一些。她把英格丽德囚禁在酒店房间里的桌子底下,又用言语折磨一个脸色苍白而不上镜

的可怜女孩安杰利娜·"胡椒"·戴维斯（Angelina "Pepper" Davis）。她哭着躺在床上，靠在玛丽（Mary）身边，似乎只想要个拥抱。另一位年轻的超级明星"国际丝绒"（International Velvet）——真名叫苏珊·博顿利（Susan Bottomly），是众多明星中最漂亮的，"工厂"中的常客都记得她——也成了玛丽暴力色情游戏的受害者——汉诺·汉娜撕掉了她所穿的针织丝网上衣。佩泊是影片中最失败的，她甚至不会叙述。就像昂迪恩因为罗娜·佩奇银幕测试失败而掌掴她，汉娜也因为佩泊没能充分叙述清楚其家史而羞辱佩泊。佩泊跳过了一些细节，汉娜大声打断她："一点也别漏掉！"——这是沃霍尔的信条。玛丽试图给佩泊洗脑，让她爱家："家是美好的，你母亲多么漂亮。"《切尔西女郎》——沃霍尔的家庭故事——证实了这些格言不过是宽慰之词。

这部影片中只有一个人逃过了折磨：艾瑞克·艾默森。他为自己赢得了单独出演一盒胶片的机会，那盒胶片是没有暴力的极乐孤岛。与妮可、英格丽德或安迪一样，艾瑞克的魅力也来自他与沉默、肉欲和"迂钝"的联系。很多时候，安迪都游弋在他自己笨嘴拙舌的领地里，在他作品中，那里是迷狂之地。在《波普主义》里，安迪谈

及艾瑞克时说:"我从不知道该怎么评价艾瑞克——他迟钝还是睿智?"(这问题也常常问到安迪自己身上。)"迟钝"(retarded)一词,现在听起来过于冒犯,但在他那时被广泛使用,而且是沃霍尔字典中的基本单词,无法避免。在沃霍尔的影片中,时间总是"迟钝"(拖沓)的。不同于他早期的无声电影,《切尔西女郎》中的时间以正常速度流逝。这部影片以每秒二十四帧而不是十六帧或十八帧的速度放映。但是,因为大部分演员都磕了药(安非他命——兴奋剂——让他们变得敏锐,与"迟钝"正相反),他们的反应和互动遵从时间的变化,而且两块银幕之间的"鸿沟"也让观众对时间的流逝有种陌生感。双倍的时间就是被延长的时间。艾瑞克那段影片是其中最"迟钝"(拖沓)的,当然也是最迷情的。他独自起伏摇摆,流动的彩色光圈抚弄着他的身体——直到今天他才发现自己的身体超级的性感。"你曾沉醉于自己的身体吗?"他夸张地问。这话是他替自己说,也是向自己说的,但也是向制片人安迪说的,也许还是"替"安迪说的——特别是在他说"有时我讨厌被触碰"的时候。艾瑞克沉浸在感性的汪洋之中,但同时又像飘浮在一个感官剥夺舱里:"我什么也看不到,除了我自己——这是我

所能见到的一切，也是我所关心的一切。"如果不是因为艾瑞克的貌美和他的坦诚，不是因为他跳舞时（同时，相邻的银幕上，相似的彩光也洒在全体剧组人员身上）那流溢在其身上的迷人的红色和蓝色灯光，以及他身上毫无强加之感的高度自恋，这种唯我论调也许会很让人生气。他就像是第一次探索一具身体，而这身体恰巧是他自己的。

我不清楚艾瑞克舞蹈时服了什么药，但一定是某种东西解放了他的表演。沃霍尔影片中那种时间疏离感源于他那一伙人所服用的药物，以及药物所滋长的敏锐感受力。沃霍尔和哈克特在《波普主义》一书中分析安非他命对意识的影响时说道："能让意识高度集中，但只在琐事上！接下来加速发生在你身上的事情就是——也许你的牙齿正在脱落，也许房东正要驱赶你，也许你的兄弟在你身旁倒地而亡，但是，你将不得不把地址簿再抄一遍，而且你不能让任何其他类似事项'扰乱'你。"

我们恐怕难以再追忆或再造那种文化了。在那种文化中，臣服于药物——以及对药物可能促进某种意识和艺术的信念——是令人钦佩的激进主义与审美领域最显著的表征。与其他任何切尔西女郎相比，艾瑞克更像是

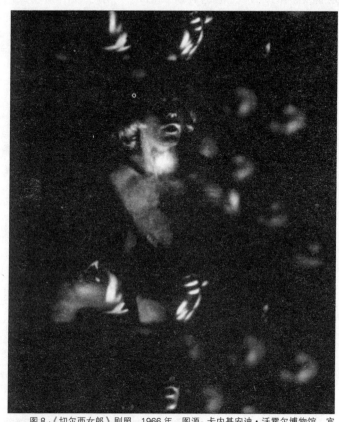

图 8:《切尔西女郎》剧照,1966 年。图源:卡内基安迪·沃霍尔博物馆,宾夕法尼亚州匹兹堡,2001 年。

艾瑞克·艾默森:"有时候我厌恶被触摸。"

20世纪60年代的一个典型,是那一代人对无政府主义和超现实主义再发现的产物,也是赞扬倾心冒险和服从偶然性的诗篇。沃霍尔1964年创作的车祸丝网版画呈现了许多偶发事故的灾难性结果。药物以及沃霍尔电影制作的开放式路径为其剧组探索各种事故铺好了路,然而这些事故并不一定是致命的,唯独艾瑞克一个人,在20世纪70年代因此早逝。《波普主义》一书里说:"某天清晨,他们在汉德森大街中段发现了艾瑞克·艾默森。照官方的说法,他是交通肇事逃逸的受害者,但我们听到的传闻,是他用药过量而被丢弃在那里——总之,他所骑的自行车完好无损。"当我们观看艾瑞克在《切尔西女郎》中的舞蹈表演时,他即遭的厄运还没被写成剧本;他无视死亡的独白,在宣扬倾听的价值。沃霍尔总是在倾听,而听的活动要求孤立绝缘的状态。为了呈现别人的故事,沃霍尔放逐了他的"自我"。艾瑞克说:"当然,人们只听这么长时间,而我将用我的整个余生去倾听。"沃霍尔也将用他的余生去倾听;说到底,《切尔希女郎》的主角(或"教皇")其实是沃霍尔,借昂迪恩的话说,是安迪收留了这一大群"同性恋、叛教者、窃贼……这些被社会拒绝的人",而在这一过程中他几乎丧失了自己的身体。如

今，从艾瑞克舞蹈到现在这一段长长的历史距离，会让我们嫉妒他而不是俯就他。很久以后才会有另一个演员如此大胆地以自己真实的面目出现在屏幕上，跳着脱衣舞，沉醉于自己的大汗淋漓，说道，"汗真让人兴奋"，又说，"我常常自言自语，而其实我没什么要说的，所以我什么也不会说，我只是坐在这儿，沉迷于自我"。

沃霍尔认同艾瑞克，但是也嫉妒他：沃霍尔可能曾经想成为一个脱衣舞表演艺术家，身体欢快地沉醉于自我的游戏。沃霍尔站在镜头后面，掌控着对演员的折磨，但这不该导致对其事业作道德性的解读，就像让·斯坦因（Jean Stein）和乔治·普林顿（George Plimpton）在《伊迪》（*Edie*）一书中所宣扬的那样——说沃霍尔是那种驱迫身边人走向药物并自我毁灭的"坏人"。有许多资料证实，并非沃霍尔带坏了伊迪，让她染上毒瘾。沃霍尔视人之间的感情关系为折磨，他自己的身体经验就是折磨。但这并不意味着他像侵略者般不断把伤害强加给别人，相反，他的电影清楚地呈现并分析了我们摆脱不了的束缚——因为人类的任何依附或依恋，都像沃霍尔以黑色幽默的方式呈现的那样，是一针安非他命、一条皮鞭、一把手枪、一阵发作与冲突，或是一场爆炸和电刑。

沃霍尔不是圣人。但是他却出乎意料地在骚动混乱之中稳住了自己,不是因为他服用了太多兴奋剂,而是因为当其他人这么做的时候,他却转向了摄像镜头和磁带录音机。当我与霍利·所罗门——沃霍尔在拍摄《切尔西女郎》那最有创造力的一年为她制作了肖像——谈话时,她强调了沃霍尔身上的道德感。仿佛为反驳在他死后贬低他的那些人,霍利对我说:"安迪是讲道德的人。他从不做不好的事。"

5. 决裂

上一章我们忽略了安迪的身体。他自己的电影甚是吝惜镜头关注他自己的身体,尽管影片展现了他身体的机械欲望。在"工厂"折磨的全盛时期,沃霍尔的身体是隐遁的,继续躲开评论者的手术刀。从20世纪60年代初开始,安迪把他的工作室从公寓搬至专业工作间,并将艺术创作的超级英雄场景与同朱莉娅一起早餐这一胆小王国区隔开来(母亲朱莉娅总是把橙汁送到安迪床边,这是他的侄女抹大拉·沃霍拉·胡佛告诉我的),沃霍尔的家居形象和他传播甚广的"工厂"恶作剧形象之间的裂痕出现了。安迪身上公共空间和私人空间如外科手术般分裂的情形,可以用维多利亚时代的绅士奥斯卡·王尔德(Oscar Wilde)的生涯来类比——王尔德的妻子待在家里,而这位箴言家却在灯光幽暗的旅馆探奇放纵。安迪只有在就寝时间才返回上东区的住所,回到朱莉娅身

边；而母亲朱莉娅则把心思全用在去教堂礼拜，而且酗酒越来越厉害，说话越来越夸张，同时也更加漫无目的地在周边闲逛。"工厂"成员里没人真正走进过上城的那栋房子，而安迪也难得和同事谈起自己的母亲。他周日去教堂，其他日子他就让自己躲在镜头后面或躲在创作丝网画的杰勒德身后，晚上则去联合广场附近的麦克斯的堪萨斯城（Max's Kansas City）——米奇·罗斯金声名狼藉的夜总会——参加聚会。泰勒·米德告诉我，这家夜总会有四年的黄金时间，它带动了曼哈顿的风月场，并成为生活在下城的流浪汉和混混们的临时庇护所。夜总会于1965年开张营业；安迪那一众人占据了后面的房间，其他艺术家则在前面。随行人员通常把花销算在安迪的账上，作为银幕工作的补偿。曾在沃霍尔的影片《壁橱》（*The Closet*）（原先是《切尔西女郎》的一部）与妮可联袂出演的兰迪·布尔沙伊特（Randy Bourscheidt）向我如此描述沃霍尔的款待习惯：如果不去夜总会，他会带一帮人去格林尼治村"糟糕的意大利餐馆"，或是去一家中餐馆，"在那里安迪像家长似的张罗，一成不变地请客——像对王室待客之道的甜腻模仿。我很荣幸受到邀请……他是那么的不显眼，也不强势——似乎与超级自我的那

种形象完全相反。他在桌上总是最安静的,也最谦逊"。

沃霍尔的身体总是在隐遁之中——最深的一次隐遁发生在1967年,他请了个模仿演员为替身代他去做巡回演讲。安迪称之为一次"反明星身份运动";而这也是他的观念表演中最优雅,也最不合规矩的一次。安迪在想:若是观众能见到并听到一位像艾伦·米杰特(Allen Midgette)那样英俊而且口齿伶俐的演员——他是贝尔托卢奇指导的影片《大革命之后》(*After Revolution*)中的明星,在那部电影中艾伦和我一样戴了顶假发——一根根辫子仿佛金丝雀的翎毛——那么他们何必要忍受我苍白的脸、秃秃的头顶和用词单调、乏味,又断断续续的谈话?当然,米杰特、沃霍尔的伎俩最终还是被人识破了,于是安迪归位,亲自去弥补部分的造假行为。米杰特是一个轮廓分明、身材挺拔的美男子,有着一双摄人心魄的眼睛。我访问他时,他说为了扮演安迪,他耸起肩膀,放慢行动和说话的速度,并极力掩盖他本性中张扬的一面;在回顾中,他批评安迪没有弄清楚一个真正的演员和你付钱找的脱衣舞男童之间的区别。在今天,我们也许觉得沃霍尔用他人的身体替代自己的身体,是懒惰或不真诚,不过,如此消解自我,与安迪全部职业生涯的行

为却很合拍；锻造出更具吸引力的身体，是其最高的艺术追求之一。有一张变装为安迪的艾伦照片，出现在1967年出版的《安迪·沃霍尔索引》(Andy Warhol's Index) 一书的封底。沃霍尔从性方面品味着这种替代：对"纸袋先生"来说，让艾伦·米杰特的身体扮作安迪，并观看这替代发生，是一种色情行为。

《安迪·沃霍尔索引》一书标志着他作家生涯的开始。接下来的1968年，他出版了更具野心也更费劲的作品《a：一本小说》，这是由磁带录音机记录下来的四次独立的情景对话，分别发生在1965年、1966年和1967年。〔沃霍尔原本想将其命名为《鸡》(Cock)。〕打字员将录音转化为文字，然后出版，包括打字错误；比利·内姆全程监督，并确保一些小错误完好地保留下来。比利设计了每页的副标题，作为占位符的浮动大字标题以及装订点，将异乎寻常的啰唆文本加以分割："我的粪便是某个人"；"Prella，香波女人"〔Prella是对沃霍尔绰号德瑞拉（Drella）的调侃〕；"比利·内姆所建筑的锡纸坟墓"；"玛丽亚·卡拉斯在对话时总占上风"；"埃塞尔·罗斯福酒店"。（尽管几乎没有人认为安迪是个文词专家，但他的作品却呈现出诗意品质的大杂烩。）这本小说的主题是昂迪恩

生活中的二十四小时——昂迪恩是沃霍尔的超级明星中语言能力最出色的人。(他们最初在一场狂欢宴会中结识,安迪放弃参加宴会,于是昂迪恩要求把这位脸色苍白、眼睛盯着他看的安迪逐出大楼。)正像艾伦·米杰特代替安迪作巡回演讲一样,昂迪恩代替书本上的安迪:他借给安迪掷音和华音[①]。我们常常很难判断是谁在说话,因为说话者身份的标注毫无规律,而且只用首字母或化名;昂迪恩命令般的咆哮通常渗进安迪忧伤的咕哝。那位声称"人们和我的屎相比都不配"的昂迪恩,就是患上多语症的另一个安迪,而安迪的任务就是把他的话筒尽量深地推进昂迪恩的意识和身体。这个话筒对昂迪恩横行霸道——尾随着他,甚至跟进了洗手间,尽管这个被麦克风围困的、健谈的人表示他并不想"尿"在麦克风上。而当这如同他的假肢般的录音工具短暂消失时,沃霍尔会感到恐慌:昂迪恩说,"'德瑞拉'脸上现出极其焦虑的神情,似乎麦克风再也不会回来了"。对昂迪恩录音就像和昂迪恩做爱:安迪说"完成"了一盘昂迪恩的录音,就好像他在把昂迪恩带向高潮。

[①] 掷音(thrown voice)和华音(florid voice)是两种发声技巧。掷音可以掩藏说话者的位置,华音可以掩藏说话者的身份。

昂迪恩是那一代不为人所识的古怪叙事名家的缩影,沃霍尔知道,若是没有"工厂"提供的平台,昂迪恩绝不会找到合适的表演舞台。就像许多与安迪合作的表演者的艺术一样,昂迪恩的艺术——实施教皇诏书——也是短暂的、偶然的;它的本质是将自己化成碎片,与画布、剧场或电影这类保存性容器相差甚远。安迪的小说《a》是关于昂迪恩的时间胶囊:这是一个琥珀色的鸟笼,里面装着点缀性的、自我毁灭的金丝雀。不过,昂迪恩的那些华彩乐段聚合成的并不是其自画像,而是一幅间接的安迪画像,因为此书的核心部分安排了数次特别的对话,对话中"德瑞拉"透露出害怕和不安:他问:"唉,我什么时候能找到喜欢 A. W. 的人?"一位名叫乔·坎贝尔的演员,绰号"糖梅仙子"(Sugar Plum Fairy),问了安迪几个尖锐的问题并迫使他承认"是的,我常常受伤害,所以无所谓了",还说:"不错,我希望会有人能指点我接下来应该做什么。"(安迪不断表示他希望遇到一位大师,一个能给他主意的人;他不久就会找到这样一位大师。)尽管读起来常常让人抓狂,《a》却不是一件平庸的工艺品。实际上,像沃霍尔的电影《帝国大厦》和《沉睡》一样,它是关于时间的实验。这部小说花了二十四小时

去写或录音,却花费了无法计算的超长时间来转写。虽然读它可能用不了二十四小时(仔细的研究者或许会延长阅读的时间),但《a》却以时间的缓慢和冗长让读者有窒息的感觉;那些对话在现实生活里也许很紧凑流畅,并且能轻易地交流要点,而在纸上却变成了一个个令人费解、辨识不清又慵懒乏味的小句子。沃霍尔在其整个职业生涯玩的把戏就是从一种媒介到另一种媒介的感觉转位——通过丝网印刷将照片转化为绘画;通过拍摄静止不动的物和人将电影转化为雕塑;通过转写,把磁带录下的谈话转化为小说。他倾向于尽可能少地篡改经验,从而强调转变行为(从一个星系跨至另一个星系)如何让材质脱离和疏远——除去灵魂,用香膏让肉身不腐。安迪在小说《a》中所揭示的人格其实是他自己的人格:他的信条是通过对他者进行录音来吸出他们的精神,好像麦克风能偷走别人的画,然后保存起来。昂迪恩作为偶像的光辉是从福尔马林溶液中闪现出来的:"谁能在将来回首过去时被提起?被想起的那一个绝不是我。"而且,尽管困惑的打字者尽其可能准确地编辑了他的话,这部小说还是诉说着活生生的对话行为与转写于纸上的死板文字之间可悲的裂隙——如同旅客从未能克服的时差。

布里吉德·柏林（假扮为女伯爵）在《a》中有过轻率的时刻：麦克风录到了她从医院病床上打到"工厂"公共电话的一通电话——像神志不清的菲奥拉，她一再强调自己的"注射女王"（Mistress Poke）角色，"我戳屁股的功夫很美妙"，还说，"我只对三件事感兴趣：我的伏特加，我'戳'的本领，还有我的药丸"。在《a》中，安迪使用话筒就像布里吉德使用皮下注射：去"戳"别人。安迪的话筒谄媚小说中的参与者，很像布里吉德注射交流的"戳"赞扬其受害者。但是录音机的所取远多于其所予："德瑞拉"的话筒像静脉注射般随意地扎进他身边随行人员的神经系统，享受他们的鲜血大餐。

"德瑞拉"自己是否接受药物注射，或为别人注射？他口服奥百措。我不能肯定20世纪60年代他有那种性行为，再说，谁知道是不是采用阴茎性交的方式呢？——无论接受或给予。但有一点可以确定，作为一个无性恋者，他在这时期有大量男朋友，尽管最终他们谁也没有写回忆录或讲述过细节。（唯一的例外是约翰·乔尔诺，《沉睡》中的明星，他写下了他们的性事："安迪接近性的方式小心而敏感。我自慰，安迪吻我的腿并嗅我的裆下。然后安迪舔我手上和腹部的白色精液。穿着黑色牛

仔裤的安迪自己也勃起了。我想帮他完成高潮，但是他说：'我自己会搞定。'"乔尔诺把安迪描述成一个窥淫癖患者，他说："他想看到性爱，但不愿触碰这事。他只想观看。偶尔，因为同情他所受的折磨，我让他吸吮我的鸡鸡。"瞧这语气：安迪像可怜而且丑陋的爬虫。）在前面两章里，我没有提安迪的男朋友，因为他与他们的交往没有公开记录，也因为这些男友似乎与"工厂"的生活比较疏离。兰迪（Randy Bourscheidt）告诉我："如果说关于安迪的性的主题——他的性行为——曾被提及，那可能就是重复那个普遍的观点，即他没有男朋友。这是安非他命的效果——你只对购买（毒品）有兴趣，而非对性有兴趣。"（不过，他记得在拍摄影片《壁橱》的过程中，安迪的摄像镜头一直对着他的裆部。）表面上看，性可能缺席了安迪在"工厂"的生活，然而有五位不同寻常的人物打破了这一状态，他们是：菲利普·费根（Philip Fagan），一位朋克风男子，1964年或1965年与安迪一起住在上城的公寓里。他是沃霍尔创作拍立得肖像画和无数荧幕试镜所青睐的对象。基普·斯塔格（Kip Stagg），一个粗野的男孩子，斯蒂芬·肖曾拍到他与安迪扭打在一起的照片（吉普被压在下面）。丹尼·威廉姆斯（Danny

Williams），一位戴眼镜的斯文人士，他在1965年与沃霍尔住在一起，还负责"不可避免的雕塑爆炸"和"焦虑的沃霍尔"两个表演节目的闪光效果。还有最神秘的理查德·瑞姆（Richard Rheem），他出现在一些银幕试镜中，还在未能修复的影片《沃霍尔夫人》（*Mrs. Warhol*）中扮演朱莉娅的丈夫或情人。罗德尼·拉·罗德（Rodney La Rod），他在《波普主义》一书中被沃霍尔描述为像"幼童"，"超过六英尺高"，还"把头发梳得油光，穿着短一截的喇叭裤"。罗尼·卡特龙告诉我，罗德尼·拉·罗德——一个可笑的带有阴茎崇拜的名字——经常把安迪卷进顽皮的身体对抗，在"工厂"其他人面前扭打抱摔；罗德会坐在安迪的胸上，而这两人会互相开玩笑，像"嘿，嘿，我瞧见你尿了"之类。卡特龙称此玩闹为"小孩子的幼稚行为"。沃霍尔在《波普主义》中则试图消除这种关系的色情成分，但是失败了。罗德"会在'工厂'内到处跺着脚闲逛，吸引我的注意力，让我狂躁——这太不可思议，我喜欢这样，我觉得有他在身边真是让人兴奋，我们会做许多动作"。

与罗德胡闹嬉戏或许还像是小孩子的把戏，但是安迪20世纪60年代用宝丽来相机创作的色情作品就称不

上幼稚了,而且《波普主义》一书也没费心去美化它:"那段时间,我用宝丽来相机拍了上千张阴茎照片。无论何时有人来到'工厂',也无论他看起来有多正统,我都会请他脱掉内裤,好让我给他的下体拍照……我个人一直喜欢色情刊物,也买了许多——那些肮脏露骨,又让人极度兴奋的读物。你需要做的不过是弄清楚什么能让你兴奋,然后就去买适合你的恶心杂志和电影画报,就像你去买合适的药丸或合适的食品罐头。"沃霍尔眼中的色情作品宝库类似于他所画的金宝汤罐头橱柜:你要在三十二种罐头之中找到适合你口味的,并一直选择它。美国的食品制造商提供大众选择的自由,其丰富性就同色情作品之丰富多彩一样,如此斑斓多样而大方地面向所有消费者。

安迪的色情探索在其1967—1968年制作的电影中收获了结果——那是一系列迎合色情市场而拍摄的"裸体"片。那色情市场,包括一帮同性恋观影人,他们知道可以在这类沃霍尔的影片中看到直白的同性恋间的色情镜头。安迪与时代广场附近的雨果剧院有个协定:剧院保证放映场次,而他则为这放纵之所量身定制影片——在这里,他的超级明星们在银幕上现场讨论"色情对真

实"这类话题。然而这些电影并未获得认同,甚至沃霍尔最忠实的粉丝也未再给予同情。斯蒂芬·科克(Stephen Koch)——他的《占星师》(*Stargazer*,1974),一部有广泛影响的研究沃霍尔电影的著作,是第一部严肃对待沃霍尔的电影并予以雄辩分析的著作——贬低1967—1968年的这些色情影片,称其为1963—1966年艺术影片的对立面。确实,这类裸体片与之前的影片如《切尔西女郎》非常不同;它们不再是关于单独的面部或动作的抽象研究(如《吃》《亨利·戈尔德扎勒》《沉睡》《口交》),也不像沃霍尔与雷纳德·泰维尔合作的那种荒诞情节剧(《再来点牛奶,伊薇特》《海蒂》《妓女》《哈勒特》《朱安妮塔·卡斯特罗的生活》)。相反,它们是喜剧性的、有很多对白的、现实的;它们是彩色片;其镜头的组合之间缺少先前影片那种程式化的关注。这些裸体影片依赖于一位合作助手保罗·莫里西(Paul Morrissey)的协助,他是一位有魅力、古怪、语速很快的年轻电影制作人。他从1965年秋天开始为沃霍尔工作,逐渐成为沃霍尔电影制作方面不可或缺的一分子,最终接管了全部导演工作。莫里西自己宣称他在沃霍尔许多影片的制作过程中起了很大作用;他告诉我,他从1965年到1973—1974年间是

沃霍尔的"经理",这期间的电影都不是安迪导演的,保罗说:"安迪没有能力指导,哪怕是最无足轻重的指导。"沃霍尔的其他助手对此提出异议,认为这只是莫里西对合作的理解有偏见;然而不容否认的是,自1965年拍摄《我的小白脸》起,莫里西在这些电影上的贡献,是把它们推向讽刺性的偶然事件而远离抽象,令它们更容易为人接受。

正像在《a》中,安迪通过着魔般地跟踪昂迪恩而将自己间接呈现出来,这一次安迪的欲望也借这些裸体影片升到表面;吊诡的是,通过放弃权威和职责,以及依靠合作人,安迪把自己的意图表达得更为清晰。这类裸体影片共同为安迪的困境(反过来说,这或许也是他的良机)画了个像:它们聚焦于漂亮男孩和普通观者之间的裂隙,并探索这裂隙对其各自的时间流逝感的影响,以及当我们观看时的时间体验。这种设置类似托马斯·曼(Thomas Mann)的小说《魂断威尼斯》(*Death in Venice*)中的情形,唯一不同的是在沃霍尔这里,双方都是年轻男子,这对称使得渴望的动力变得更复杂,不太适合年老与年少的划分。当两名男子依偎在一起,并且相互怀有欲望之时,时间变得缓慢而诡异。愈难以把那欲望推

向结果，两位男子愈相互效仿，他们对周围时间的感觉就愈发漫长而深刻。

所有这类影片中，《我的小白脸》展现的这种场景最为露骨。此外，它还解释了一个女人的出现如何改变了两个男人之间的情欲态势。《我的小白脸》拍摄于1965年劳动节的那个周末，在纽约东南方向的火岛上，由恰克·魏因和莫里西协助摄制。主角是一位年轻强壮的金发男子，名叫"美国保罗"（实际生活中，这显然是戈尔德扎勒玩的一个小伎俩）。他通过"牛郎热线"叫了一位肥胖而且秃顶的男子约翰——由埃德蒙·伍德扮演。精明、口齿伶俐的女人吉娜维芙·沙邦（Genevieve Charbon）也瞄上了这位"美国先生"；于是约翰和这位女性为他展开激烈争斗。埃德蒙称这种女人为专钓"男同"的女子，说她们是"肉饵和水蛭"。第一卷胶片拍他们观看那壮汉在海滩上晒日光浴。第二卷胶片的场景在浴室，保罗和另一个小白脸（乔·坎贝尔，《a》中的"糖梅仙子"）在那里梳妆打扮，淋浴，小便。他们的沐浴持续了很久——这一种永恒，正是沃霍尔那样的观者所需要的：裸露场景永不嫌长。乔试图让保罗承认自己是牛郎，但保罗不想说这事。早先我曾将这场景比作沃霍尔双联画的

一种范式。确实，这里，在他为"情欲拒绝真空，而美丽是场对话"这一观念设计的最为简洁的实验室示范中，安迪告诉我们，"美丽"——欲望——从不是独唱；它总涉及两个身体，尽管其中一个像是要碾碎另一个。"糖梅仙子"也许有吸引力，但是"美国保罗"却是第一梯队的"小鲜肉"。"糖梅仙子"渴望保罗的身体——无论何时只要可能就想去触摸——但是不敢把他的欲望表现得太明显。或许安迪也像"糖梅仙子"一样，渴望像"美国先生"那样理想的精灵，但是我相信沃霍尔的眼睛绝不会沉迷于一个人徒劳地渴望另一个人的视角，而是会沉迷于他们的相互依赖。"美国保罗"的美在"糖梅仙子"对他的迷恋中显露出来；并且"糖梅仙子"对他一味地奉承导致了两个男人之间意味深长的不平衡，这裂痕几乎就像性别差异那样绝对，一种拯救和被拯救的关系。正像第一卷胶片中吉娜维芙阻挠了埃德蒙·伍德对"美国保罗"的追求，在第二卷胶片的结尾，多萝西·迪恩（Dorothy Dean）也打断了这两位牛郎间的调情。她出现在洗澡间外，对着补妆镜化妆（回应着"美国先生"梳发时所照的镜子），并给"美国先生"提供了另一种选择："我要让你长点见识。毕竟，你何苦要被这些老男同争抢呢？"

1966—1968年那些影片的结构像极了莎士比亚戏剧（或希腊戏剧）的那种对白（stichomythia），这种对白模式在《牛津英语字典》里的定义是："一种韵文体的轮流对话形式，常用于希腊戏剧中的争论，其特点是对偶和重复。"沃霍尔的影片当然不会运用韵文，但是这些裸体影片由一幕幕双方交战争吵的对话组成——这些争论虽然没有方向，争论的双方却紧紧相扣。影片《我的小白脸》就在享受着这不和谐的节奏：两个小白脸交换着美容贴士并争论卖淫的细节问题，而"肉饵"和约翰围绕"情人热线"（Dial-a-Hustler）的最新服务而争吵。种种迟疑悬置——争论的双方从未协调——使整部影片的氛围始终紧张。就像爱德华·阿尔比（Edward Albee）《谁怕弗吉尼亚·伍尔夫》（*Who's Afraid of Viginia Woolf*）[①]中的玛莎和乔治，沃霍尔（及沃霍尔/莫里西）裸体片中的一对对淫色人物也从未停止口角，从未停止争执，从未发生性行为。

其中一部影片——《昂迪恩的情人》（*The Lovers of Ondine*），拍摄于1967年——里面有一位超级新星的表

---

① 双关用法，出自《三只小猪》中的歌曲"谁怕大坏狼"（*Who's Afraid of the Big Bad Wolf*）。

演相当抢镜。这位新星就是女喜剧演员苏珊·霍夫曼（Susan Hoffman），也就是维娃（Viva）；她很瘦，一头卷发，鼻子挺拔，口齿伶俐但嗓音沉闷。她的容貌宽阔，就像一尊已遗失的普拉克西特列斯（Praxiteles）所雕的雅典娜。沃霍尔曾说起维娃，说他从不知道有谁的嗓音能表达那么多沉闷；和布里吉德·柏林一样，她能长时间滔滔不绝地谈她生活中的各种细枝末节，而且从不害怕在必要时脱掉衣服。维娃喜欢谈论她作为天主教徒的少女时代，同那时的另一位超级明星"紫外线"一样["紫外线"真名叫伊莎贝拉·科林·迪弗雷纳（Isabelle Collin Dufresne），是一个法国贵族，少时在一家修道院上学。]维娃在她的自传体小说《明星》(*Superstar*)中详细讲述了少女时期经历的阴暗面，所透露出的淫秽感觉，与安迪完全同调。在《昂迪恩的情人》这部影片中，她裸着上身，挨着昂迪恩躺在床上，乳头上贴着创可贴，昂迪恩付钱，她才会拿掉创可贴。维娃具有拉斐尔前派那种纤弱病态的美，传递着严肃的轻浮：她以毫无感情而又有节奏的单调语调发表即兴演讲，仿佛在吟诵弥撒或读阵亡名单，即使她所讲的内容一贯下流。她平淡的嗓音与其所讲内容的残酷性质极不匹配，类似沃霍尔在语调和

内容之间的分裂——骇人的内容，冷冷的表述。

另一位在《昂迪恩的情人》中初次亮相的超级明星是乔·达勒桑德罗（Joe Dallesandro），来自鲍勃·米策（Bob Mizer）的"健壮模特协会"（AMG），那是加利福尼亚猛男的大本营。大家都称他"小乔"。个子矮小的乔有完美的身材和沉静的性格，没有人能让他安定下来：摇摆不定和精神恍惚般的沉思一向是沃霍尔式人物的所长。小乔青葱的脸上从未闪烁过一丝好奇和欲望；他让异性恋和同性恋看起来像是不相干的题外话，是浪费精力——与顺其自然的快感相比。然而他身上的美却在于行动，无论乔是否要有所行动。他的美貌盖过了昂迪恩的俏皮话——一旦昂迪恩与可爱的小乔同屏，他那滔滔不绝的言谈之流就干涸了。言语（昂迪恩）和图像（乔）没法协调；我们的"纸袋先生"了解这之间的鸿沟，也深受此鸿沟的折磨。这就是基本的沃霍尔困境：言说——无论磁带录音机收集、记录了多少——永远也赶不上视觉呈现所具有的那种确定而有阳刚之气的沉静与镇定。对于沃霍尔而言，静止总意味着阳刚之气，即便它以一副女性面孔的形式存在：静止幻化出其死去的父亲身上那男子气概的沉着。

《昂迪恩的情人》与同时期其他几部影片一样,具有双重意义:它们既是独立影片,同时也是安迪野心勃勃但几乎不可能实现的一项大工程的片段。那大工程叫《四明星》,或《****》,或《二十四小时电影》,或《二十五小时电影》。它只于1967年12月15日、16日在纽约的新影城(New Cinema Playhouse)上映过。安迪在影片《切尔西女郎》中采用了双投影模式(双屏放映)。在《四明星》中他做了些调整,不再并排放映两卷胶片,而是用叠加式,即一个叠在另一个的上方。我现在仍无法想象那令人眼晕的效果:两卷互相配合的胶片持续放映二十四小时或更长时间,这似乎是在可能性之最远边界上的一场冒险之旅。考利·安杰尔(Callie Angell)是"安迪·沃霍尔电影工程"的助理研究员,他正在重组《四明星》;一旦完成,这必将成为沃霍尔的《芬尼根守灵夜》(*Finnegan Wake*)或《索多玛120天》(*120 Days of Sodom*)——过于自负的纲要和附录,一部汇集了他曾梦想过的每一种变形之物的百部全书,像一座陵墓,是最后的终结,又像个奇葩动物园那样让人疯狂。《四明星》中的许多片子,自初映之后就再没有放映过,其中包括《从此》(*Since*)和《沃霍尔夫人》。《从此》是一部关

于暗杀肯尼迪的影片，由玛丽·沃若诺夫出演杰克·鲁比，"国际丝绒"出演杰奎琳，英格丽德出演伯德·约翰逊，而昂迪恩出演林登·约翰逊；《沃霍尔夫人》当中，由朱莉娅·沃霍尔出演一位年纪大而化妆过度的女演员，她有好多任丈夫，但都被她杀了。[据伯克瑞斯（Bockris）说，沃霍尔谈起这部影片时提到"我想把老人带回来"——让她们重新时兴起来，同时恢复她们的青春。]《四明星》中占八小时的大部头影片是《效法基督》（*Imitation of Christ*），这个片子我只看过105分钟的版本：它对圣家庭道德观的颠覆，包括决定让布里吉德·柏林和昂迪恩扮演父母，儿子则由沉迷毒品而神志恍惚的年轻明星帕特里克·蒂尔登·克洛斯（Patrick Tilden Close）出演（泰勒·米德告诉我，他原本是能成为地下丝绒乐队里詹姆斯·迪恩那样的人的）。布里吉德说："除了我和昂迪恩，这个家里还能有什么？"他们的家庭可匹敌伯利恒之家；昂迪恩与布里吉德躺在床上注射毒品——那是这对夫妇的"清晨之戳"。他们所扮演的父母有些吓人，但也是理想化的：我们知道这不过是个玩笑，但这似乎也是沃霍尔针对异性小家庭而认真提出的一个替代方案。

《四明星》中另一部独立影片是难得一见的《浴缸女

孩》(*Tub Girls*)。这部影片中,沃霍尔展现了一对又一对泡在浴缸中的人,成对的表演者类似于在火山岛洗手间里调情的"美国保罗"和"糖梅仙子"——像一对双联画并置着不可消解的张力,含糊不清如同一首隐喻诗——其核心思想从未清晰呈现。如同金宝汤罐头盒可以将一顿食品压缩在其银色的柱形罐体内,浴缸可以凝练出人类对话中最戏剧化的时刻,也比盗窃或交媾行为更有效地将双方"密封"在一处。浴缸里并不都是女孩:维娃与一名男子共浴,摄像机水平线下之下的水中,她好像在和他做爱。最精彩的一幕是让浴缸里的维娃与黑人女子阿比盖尔·罗森(Abigail Rosen)配对——透明的浴缸放在维米尔式的棋盘格纹油毡地面上,黑白相间的棋盘格纹重复着她们肤色的黑与白。她们身后,笼子里的鸟儿在歌唱。维娃埋怨阿比盖尔的脚脏,而且她们吃葡萄和西瓜所掉落的汁使水的颜色变深——好像浴缸在压缩种族差异,而水的透明度正逐渐混浊,成为复杂的暗色混合物。维娃在电影中总是乐于交欢的,而布里吉德总是避免接触——除了她自己戳的动作。她随意地融入或抽身于女性同性恋关系之中,就像时而从昏迷中醒来又陷入其中一样:她谈及女性同性恋的生活时,就像是在谈论

某种她彻底超越的东西。沃霍尔的影片经常会以万花筒般丰富而共鸣的图像或语句结尾，好像是演员们知道胶片即将用完，于是特意转移到有丰富装饰的背景前。这部影片以布里吉德讨论卢尔德的水疗①结束，提醒我们浴缸毕竟也是受洗之所，也提醒我们即便是沃霍尔作品最无礼、最肉欲的散漫观念中也隐藏着精神性的启发。

在裸体影片中，文字与图像总处于竞争的状态。这些吵吵嚷嚷的影片，就像小说《a》，是在赞美安迪身边随行人员的饶舌。影片《裸体餐馆》（*The Nude Restaurant*，1967）中，维娃与泰勒·米德光着身子坐在"疯狂的哈特"餐馆里讨论越南战争——这家餐馆以服务员和顾客都裸体而独树一帜：在沃霍尔心里，这对话足以让这部影片成为一部反战片了。《骑自行车的男孩》（*Bike Boy*，1967）里，超级明星英格丽德在厨房独白，唠叨着吃鸡蛋的不同方法；《我，一个男人》（*I, A Man*，1967）以话极其多的瓦莱丽·索拉纳（Valerie Solenas）为主角，她也是未能上演的电影剧本《抬起你的屁股》（*Up Your Ass*）的作者，她的说话风格迷人地干脆，又有大都市人的腔调。

---

① 在法国比利牛斯山的小镇卢尔德，传说经圣母玛利亚指引，一位牧羊女发现了一眼能够治愈疾病和瘫痪的泉水。

在她说"对于湿乎乎的屁股，我可不觉得奇怪"或"我想回家，打算'肉搏'一下"时，观众很难不把她想象为自己的情人。

另两部影片《孤独的牛仔》（*Lonesome Cowboys*）和《圣地亚哥冲浪》（*San Diego Surf*）也拍摄于裸体影片时期，它们在叙述层面有更大的野心，也是真正剪辑过的。［早期的裸体片是在摄影机里用闪切装置编辑的。沃霍尔在1966年的影片《巴菲林》（*Bufferin*）中首次运用这种装置——影片中杰勒德·马兰加背诵他的诗歌。每嵌入一个闪切，镜头和录音都要先停止然后再启动，这就在连续中造成了间隙，一种由哔哔噪音为标志的断裂。］《孤独的牛仔》于1968年1月在亚利桑那州拍摄外景；它在1969年广泛发布，可能也是那个时期安迪最著名的一部影片。在一次采访中，安迪称其为他的"第一部真正的室外电影"，还补充说："影片基于罗密欧与朱丽叶的故事。如果他们不允许我们称之为'性交之光'（The Glory of the Fuck），那么我想我们就称之为'牛仔电影'。"沃霍尔这部影片中的演员和工作团队的出格行为让当地人深感震惊，以至于FBI在接到举报后，开始对安迪的活动进行监控，并编了一份他的档案，其中包括这样一份揭

发《孤独的牛仔》中丑陋一面的记录:

> 其中一个场景里谢里夫身着女装,坐在一个牛仔膝上。还有男性护士被谢里夫抱着的画面。另外一场戏里,维娃试图劝说其中一位牛仔脱掉衣服加入她裸体的行列时,对话的背景音乐是天主教堂的礼拜歌曲。最终她成功劝其脱掉了所有衣服,于是他抚摸着她的胸部,渐渐压在她赤裸的身体上……还有一个场景,描述一名牛仔抚摩另一名牛仔的乳头。

这部影片1969年在亚特兰大上映时被没收了,据刑事法庭的一名律师说,原因就是它"太肮脏"——"在我看来,这是会让正常人感到恶心的那种东西"。

沃霍尔第二部外景电影是《圣地亚哥冲浪》,拍摄于1968年革命5月的加利福尼亚州——那可是黄金州,四年前安迪在此见了杜尚和特洛伊·唐纳休,并展出了他的"猫王"(Elvires)系列。《圣地亚哥冲浪》由汤姆·霍铂兹(Tom Hompertz)主演。霍铂兹长着方下巴,沉静而有花岗岩般的粗硬感,曾在《孤独的牛仔》中首次亮相。

这回他扮演一个冲浪者，与泰勒·米德对戏——米德演维娃的丈夫。维娃先是谩骂着挑明了同性恋与冲浪者之间的联系，又提到她分不清拍摄之外的真实与沃霍尔的镜头对准她时那些不真实的瞬间。聚焦太平洋的长镜头提醒观众沃霍尔电影离大自然多么遥远。在最能切近地呼应沃霍尔心思的一幕里，米德脸朝下趴在冲浪板上，请求霍铂兹往他身上撒尿："汤姆，你愿意尿在我身上吗？我想加入你们，成为真正的冲浪者。你难道不想往一个体面的中产阶级先生身上撒尿？"这倒不是说沃霍尔喜欢男孩子往他身上撒尿，而我怀疑他会。通过这种下流的洗礼，泰勒可以质变为冲浪流氓。但是汤姆（冲浪者，风流男子）和泰勒（同性恋，小丑）之间的分歧，切中了沃霍尔方法和本质的要害。

无论相信与否，此时的沃霍尔正徘徊在成为一个体面人的边缘；"工厂"的疯狂显示出消退的迹象，作为"工厂"经理的莫里西正在捋顺各种泛滥的混乱状态并将之组织起来，拍摄也愈加专业化了；据伯克瑞斯说，安迪不仅在影片中引入更多重要的叙事元素和幽默成分，还在阁楼内增加了隔间。地点本身也变了，预示着格调方面的永久转变：1968年年初，沃霍尔将工作室（一度被称

为"工厂",此后一直称"办公场所")搬至联合广场西33号的六层,比美国共产党总部低两层。此年的下半年,比利·内姆搬进了这个寓所的壁橱,很少再露面;允许进入他"巢穴"的,只有卢·里德、昂迪恩以及其他一些与他有相同神秘癖好的人。在此之前,杰勒德·马兰加已去意大利拍电影并追求他的缪斯女神——时尚模特贝妮代塔·巴尔齐尼(Benedetta Barzini)。(在意大利期间,他背叛了安迪,制作切·格瓦拉的丝网画并试图以此冒充安迪的作品;当然,也可能事先获得了安迪的许可。沃霍尔会原谅他的——沃霍尔乐于宣称他所有的画都是布里吉德完成的。杰勒德最终曾有一次短暂的归队。)人员方面的另一个变化带来了决定性的影响:来自得克萨斯的花花公子、富有的德·梅尼尔(De Menil)家族后裔弗雷德·休斯(Fred Hughes)于1967年进入"工厂"并从此主导着沃霍尔的审美选择和商业决定——在他手中,审美选择和商业决定将成为可以互相转换的两个方面。

然后,断裂突然出现:1968年6月3日,瓦莱丽·索拉纳斯乘电梯上到联合广场西33号的办公室枪击沃霍尔。"不!不!瓦莱丽,别这样!"安迪喊。他后来回忆

道:"我躺在那儿,看见血渗透我身上的衬衫。我还听到更多的枪声和叫喊。(后来——很长一段时间之后——他们告诉我,从32毫米口径手枪射出的两颗子弹,穿透了我的胃、肝、脾、食管、左肺和右肺)"。他的朋友马里奥·阿马亚(Mario Amaya)也被击中,尽管不严重;她还差点朝弗雷德·休斯射击,但他劝阻了她,说:"行行好,不要打我!快离开吧!"沃霍尔回忆说:"正当她要扣动扳机时,电梯门突然打开,于是弗雷德说,电梯来了!快上电梯!"

沃霍尔被宣布死亡。但是后来又被医生救了回来——当马里奥·阿马亚告诉医生这个死去的人是谁后,他们又做了一次努力,用一种更新了的复苏术救活了他。

瓦莱丽·索拉纳斯引起了许多沃霍尔粉丝的注意,他们想搞清楚她枪击的动机是什么。她是"灭绝男子联盟"(Society for Cutting up of Men,简称SCUM)的发起人和唯一成员。而她觉得是沃霍尔对她的生活控制太多。她曾经给安迪看过一部电影《抬起你的屁股》的脚本,但安迪没有拍,或是说没有对其价值做出反馈。有些修正主义者走得很远,像瓦莱丽自我吹嘘的那样,视其为女权主义英雄。1996年的影片《我枪击了安迪·沃霍尔》

(*I Shot Andy Warhol*）将这种想法推向了极端。还有一种普遍的批评倾向是将枪击事件看成一件不幸而又绝妙的偶然事件、一场有趣的灾难，或是安迪渴望自己被一群疯子环绕这一事实不可避免的后果。瓦莱丽的犯罪行为是对安迪先前行为的宣判；以这种观点看，沃霍尔是罪有应得，因为他没能保护自己，他诱惑太多的人来演出，又因为不给他们名或利而激怒了他们。（泰勒·米德曾讽刺说，如果不是瓦莱丽先做了，他也会朝安迪开枪的。）安迪也将枪击归咎于他自己的疏忽，将其理解为自己创造力的枯竭；此后数年里，他觉得自己已经与灵感源泉失去了联系——此时他业已停止依赖不当之物和疯狂之物获得灵感。那些从瓦莱丽的嗜杀行为中看出女权主义者、俄狄浦斯情结或革命性意义的人——她其实是被拒绝的门徒，回过头来向其冷漠的父亲般的导师复仇——忘记了安迪身上真实的伤口，他身体的价值，以及这次枪击对他身体造成的最终伤害。沃霍尔本人是轻视身体的；或许我们应该原谅他的批评者和共事者参与对其身体的清算。至于瓦莱丽，她终获三年刑期。在获释后，她还前往"工厂"打电话给安迪，继续威胁他。

安迪·沃霍尔枪击案发生于罗伯特·肯尼迪遇刺

的前一天。安迪记得,他在医院里苏醒过来,看到罗伯特·肯尼迪遇刺的报道;他以为自己死了,正在天堂里观看发生在达拉斯的 JFK(肯尼迪总统)谋杀事件的重播。这两起袭击在时间上的巧合,巩固了沃霍尔作为 20 世纪 60 年代表性人物的地位,同时给其早期作品中的意象,如车祸、灾难、自杀、电刑椅,以及笼罩在死亡气息中的人物形象,如玛丽莲·梦露、杰奎琳·肯尼迪、伊丽莎白·泰勒,注入了新的力量。现在,人们可以把沃霍尔本人看作其艺术所致力于颂扬的殉道者之一了;而他在 1968 年 6 月 3 日奇迹般地死而复生,证实了他的圣徒身份,他的状态被视为死亡规则的例外。然而他继续相信,枪击之后,他已经死了,此后的余生,只是一种补救。既然已经这样脱离了肉身,被刺之后,安迪与其身体的分裂变得更为彻底,如今他的身体是一张布满伤口和疤痕的画布——那些被撕裂的、血肉模糊的器官,终此余生,要靠紧身腹带来固定,这些勒得很紧的腹带,犹如女子的紧身胸衣——布里吉德·柏林替他把腹带染成欢快的彩色,就像他丝网版画中的色彩。枪击之后,安迪赤裸上身在布里吉德的镜头前摆拍,他还为瑞查德·艾夫登(Richard Avedon)和艾丽斯·尼尔(Alice Neel)做模

特；尼尔的绘画、艾夫登的摄影和柏林的宝丽来快照，都显示了安迪所受伤害的程度，以及这些伤疤在其肌肤上留下的奇异而雅致的签名。在安迪自己的描述中，这些伤疤很美，像高级定制的女装；这位差不多自1960年前后起就已经习惯于抹去他作品中所有巧妙线条痕迹的艺术家，不得不终其余生在胸口戴上一套精妙的线绘图画。我曾在沃霍尔博物馆档案库的后架上亲手触摸过安迪的腹带，我可以告诉你，这些腹带小得吓人，像是给四岁大的秀兰·邓波儿穿的短衫，而其色彩之斑斓梦幻，犹如迪士尼混合食品。这些紧身胸衣式的腹带把他女性化了；它们给了其内在的不幸一种外在的、服饰般的、微微有些羞耻的形式，很像他母亲常年戴的瘘袋，将内在的东西外化了。和朱莉娅一样，安迪如今也将里面的衣裳穿在外面；和朱莉娅一样，安迪如今也有一个可以证实遭受了创伤的身体，经手术重塑、修复的身体。紧身胸衣也为安迪的标志性装扮增加了一个新的环节。此前，他的假发是为了遮掩秃顶，同时宣扬一种风流做作。但是现在，假发与腹带组合在一起，愈发具有身体修复的性质；打扮成安迪，不再是为了做作或玩笑，而是生理上的必要——没有腹带，他的身体就无法整合起来，就像没

有假发，他的身份就无法被识别一样。

"安迪的一部分死于1968年6月3日"这一说法有点陈词滥调，但这差不多也是事实。他知道，如果安迪在那时完成他的死亡，他就会成为比今天更有影响的邪教人物。那样的话，人们也就无须考虑他创作于20世纪七八十年代那些野心勃勃的作品；安迪也将永远保持着波普殉道者的形象——他为解放我们的身体和感性而鞠躬尽瘁。那样的话，他会成为公民自由主义者的基督，他的作品在今天也无疑会得到更恭敬的对待。但是他活下来了。在许多人眼里，他玷污了自己的艺术声誉。然而我不这么看。他生命最后二十年里的作品往往与他此前二十年里的作品同样杰出。确实，枪击事件仅仅强化了他的信念，即艺术必定是一连串的人体修复，一系列值得收藏的、保存经验的容器。但是，他后期的艺术作品创作于那次破裂之后，发生在他的身体差点儿被带走之后——在这身体里，安迪从未有过舒服的感觉——因此，这些20世纪七八十年代的作品承载着劫后余生里子弹的阴霾。

遭受枪击后，安迪在医院住了近两个月。当他在秋天回到"工厂"时，他有一项未完成的事业——那是从

20世纪50年代初期直至1968年占据其生活主要内容的工程中最后一件待完成的任务。对安迪来说，性是个奇迹——他无数次看见，但它仍然难以捉摸且极富吸引力。他希望看到性之秘密的努力，在1968年拍摄的影片《蓝色电影》（*Blue Movie*）中达到了顶点，也达到了终点。《蓝色电影》（拍摄时的片名为Fuck）基本上可以算是他的最后一部影片，它使安迪20世纪60年代拍摄几乎一切事物的不朽工程达到了一个高峰，同时也为之画上了句号。在《蓝色电影》之后，他不再将纪念事物的努力投向电影，而转向了丝网肖像画、摄影、收藏、出版、磁带录音、视频，以及社会上流行一时的各种东西。

《蓝色电影》是一部简单明了的影片。它是沃霍尔影片中最亲密的一部电影，同时也最严格、最痛苦地将他自己排除在外，尽管作品和往常一样展现了他的才华。保罗·莫里西告诉我，他并不赞同拍摄这部片子。影片的内容是由维娃和路易斯·沃尔登（Louis Waldon，在《孤独的牛仔》中出现过）上演约两小时的亲密行为，包括口交、阴茎性交，还有聊天。性事是真实发生的；尽管这不是沃霍尔影片中第一次纳入"活生生"的性，但他的镜头风格发生了变化，从《沙发》中较被动的固定距

离拍摄，转向了《蓝色电影》中对夫妻间的亲密更有温度的探究。《浴缸女孩》《口交》及其有声翻拍版《吃得太快》(*Eating Too Fast*，1966)——由艺术评论家格雷戈里·巴特科克(Gregory Battcock)主演——中也都有性事发生。但是在《口交》中，"口交"行为本身始终在银幕之外；而在《吃得太快》中，虽然镜头向下移动，对准胯部，但是最精彩的对话却不是发生在两名正在做爱的男子之间，而是发生在巴特科克和他的一个未现身的朋友之间——那个朋友打电话告诉他一个死讯。"鲍伯的祖母死了"，巴特科克将这消息告知为他口交的人。那个人中断吮吸，回应道："太糟了。"影片就此结束：这一突如其来的结局，将葬礼和口交并置，是在以"激励—报复"的"沃霍尔式经济"来暗示，对每一次同性口交，众神都强求一次母系死亡，好像鸡奸是对子宫礼仪的一种特别冒犯。

《蓝色电影》没有以死亡结尾，而是以维娃冲镜头说她要"吐"结尾。《蓝色电影》中，演员们十分都清楚摄影机的存在。维娃通常会遮盖自己的私处，以避开观者的视线；她带着一丝不协调的羞涩，谈到一个事实，即"每个人"都会看到不同的姿态；她朝镜头使眼色，说

"或许我们应该给个侧面镜头"。维娃就这样让怀疑、羞愧、欢乐、懒散及其他情绪从脸上流露出来,以至于《蓝色电影》更关注脸而不是性器官,也比《口交》有更多的心理展示——《口交》中,高对比光往往赋予那位沉默、无名的口交者的五官如同德国平面印刷品、巴黎哑剧演员、比澳格拉夫特写(Biograph close-up)[①]那样一种病态的抽象特征。但是《蓝色电影》中,维娃和路易斯不是范型化的,而是展示出不切实际、无拘无束的个性特征。我们——偷听者、间谍——收集出他们比性更多的内容:维娃和路易斯在厨房一起做饭,讨论越南战争,观看日落。沃霍尔的镜头就像冷战期间美国人想象中的无所不知的克里姆林宫,不仅能见到性生活的秘密,还能窥见亲密的奥秘、相互安慰与娱乐的磨炼。于是我猜想,安迪或曾嫉妒他们的和谐关系。最终,沃霍尔影片中这对夫妇没在争吵——他们在"相处"!尽管将路易斯和维娃的表演看作未经加工的真实状态会有所误解,但是当他们夫妻俩动情地探索、发现彼此时,他们似乎把安迪——还有虚伪——抛出了画面。实际上,在沃霍尔此前

---

① Biograph 是美国早期的一家电影制作公司。

的每一部影片中，痛苦主旨都激起了制作者在场的感觉；《蓝色电影》中，痛苦的缺席抹去了他。这部影片也拯救了异性恋——异性恋此前从未是沃霍尔电影所青睐的对象。《蓝色电影》里，男人和女人只处于散漫闲逛的状态，而没有气喘吁吁的色情外衣。这里，异性恋不再是个笑料——在沃霍尔的作品中，这是第一次。

这部电影也真正是蓝色的——不仅因为其色情性质，还因为其屏幕似浸在蓝色中，仿佛所以东西都是透过蓝色玻璃见到的。安迪与蓝色的关联始于他 1954 年制作的一本书《25 只名叫山姆的猫和一只蓝色小猫》。面对着猫类的复制和重复——二十五只叫山姆的猫——一只蓝色小猫孤零零地站着，没有被重复。《蓝色电影》里，安迪就是那唯一的蓝色小猫，面对着维娃和路易斯演绎的丰富场面。因为枪伤，安迪是蓝色的：他的皮肤真的是黑蓝色（还可能发紫、发红或发黄）。血液也是蓝色的：维娃说，"血液在接触空气之前，确实是蓝色的"。当然，影片的蓝也是沮丧——安迪的沮丧。他沮丧是因为维娃与路易斯做爱时完全忽略了他。有一点必须记住，即安迪对待性欲的激进态度与他对男性和女性身份的奇怪保守观点相冲突：他可能对性别差异行为的准则持无立场的

自由态度，因为他自觉太无男子气概，因而不需要为达标的问题烦恼。（然而，金钱常常让他感觉自己是个男人：他扮演父亲的角色，为"工厂"中的孩子带回面包和牛奶。）他或许曾拒绝常规的性别安排和社会分工，但是他也坚信同性恋是个"问题"，"直男"才是真正的男人。安迪当然清楚这一点，并且朝反方向演绎；"问题"让他着迷（"问题"能拍出好片子），更让他着迷的是，"正常"男人也有"问题"。无论如何，我相信《蓝色电影》——他的总结，他解读所有神话的钥匙——也许已经决定性地证实了他不是个真正的男人；通过更为仔细地凝视他人身体的秘密，他把自己从不可逆转的、被割裂的身体中抽离出去。记录两副身躯彼此缠绕的《蓝色电影》，锁定了安迪与其身体的决裂——他从器官、那些无关紧要的刺激反应中过早的放逐。我使用"裂痕"（rupture）一词基于两种含义——一是隐喻式的分裂，一是实际的伤口。早在瓦莱丽的子弹真正撕裂他之前，安迪已经不断用两块屏幕、两组影像来描绘撕裂的现实，已经一再感受被痛苦地撕裂和内爆了的身体。现在，在《蓝色电影》里，维娃和路易斯彼此没有割裂，而是沉浸在蓝色灯光之中。这蓝色的灯光带出了安迪的缺席：蓝色给银幕蒙上了一层

劫后余生的色彩,他的身体在蓝色中回归。

1969年8月,《蓝色电影》在纽约加里克剧院(后更名为安迪·沃霍尔剧院)上映后被警察扣压,次月被裁定为"淫秽"。沃霍尔已经达到了他的极限。

之后

6. 阴影

安迪在20世纪60年代幸存了下来，尽管是活在他过去所取得的成就的阴影里，一如他身后也繁荣在过去成就的阴影里。瓦莱丽·索拉纳斯枪击事件后，绵绵不绝的艺术创作没能缓解他那种病态的恐惧，即他觉得自己"江郎才尽"了。他在1978年11月的一则日记中写道："我说过，自从遭枪击，我就没有创造力了，因为打那之后我再也见不到那些怪人了。"禁绝了"工厂"里的怪诞之人，他也就远离了奇谈怪论、灵魂的冲击和各种神经质。安迪被渐渐老去（1970年他才不过42岁）的想法折磨着，而且尽管他在70年代仍保有囤积和贮存这样的古怪精力，他还是想将过去封存，不再与之谋面。"我无法面对旧作，"他在1978年的日记里说，"那过时了。"像年轻人那样戴着银色假发，他曾希望以此战胜年迈，但是随着时间的推移，而且他还仍然要依赖"人体修复物"

（腹带、眼镜、面霜），仍然要信任各种屏障（不仅仅指丝网，还有摄像机、磁带录音机、助手这类社会"缓冲器"），这些配饰给他罩上了一层陌生的光环，仿佛他身上的血液和生气都已耗尽。他通过描述杜鲁门·卡波特而间接地给自己画像："真是奇怪，他就像是一个来自外太空的人——攫体者（body snathers）[①]——因为这是同一个人，但这又不是原先的那个人。"艺术史家罗伯特·罗森鲍姆（Robert Rosenblum）——安迪后期作品最热心、最具有同情态度的评论者——对我说，安迪似乎"没有人类的情感"："他的节奏与众不同——缓慢、审慎，完全无法与其他人合拍。就像詹姆斯·邦德或邪恶博士。"作为时间艺术家，安迪已经人为地干预了自己的生机，希望将之延展成一曲连上帝也无意来打断的"广板"。

购物成了安迪的一门"美术"。他一直是个观念艺术家，喜欢观念甚于喜欢观念的艰难实现过程：他70年代的助手罗尼·卡特龙告诉我："对他那样思维敏捷的人来

[①] 原义为盗尸者，此处指受到外星球物种感染的人。1955年，杰克·芬利（Jack Finney）创作了科幻小说《攫体者》（*The Body Snatchers*），讲述外星种子飘来地球，侵入睡眠中的人体从而长成一个形体上一模一样的"人"，而受种子入侵的人则化为尘土。

说，绘画太慢。"然而，对于已经有钱的安迪来说，购物是快的；而且购物也像哲学一样，涉及范畴（类别）。他游走于商店、跳蚤市场、拍卖场之间，通过寻找新的类型并积聚此类型的物件，寻求柏拉图式的理式。臭名昭著的54迪斯科俱乐部——1977年开业——是安迪钟爱的进行社会混合的试验场，而古董店、珠宝店和跳蚤市场则是他进行商品混合的试验场。安迪从来就是个收集者，但是在70年代，他的收集行为已经克服了之前的审慎态度（那往往让他的收集行为处于节制之中），他开始随心所欲地收集各种东西：水银玻璃花瓶（Mercury glass）、太空玩具、时装珠宝、香烟盒、面具、香水瓶、玛雅陶罐、拉塞尔赖特（Russel Wright）陶瓷厨具、瓦纳霍人织毯、银镯、卡地亚时装手表、法国博府艺家（Jean E. Puiforcat）银餐具和其他上千件无用之物。安迪积累的东西如此广泛，恐怕要数百页才能列出它们的种类。这种狂热的一种早期呈现形式，是他于1970年在罗德岛设计学院（RISD）的艺术博物馆策划的一次展览，名为"扫荡冰箱"（Raid the Icebox）。这场展览的展品，全都是他从该博物馆库房挑选出来的，而他的选择是颠覆性的：博物馆所有的鞋类藏品，包括复制品，仍放在一个个小陈列室里；数十把太

阳伞和雨伞，贮藏在一个敞开的独立壁橱内，像一片西洋景[①]；各种圆形纸板盒和帽子盒；绘画，不是悬挂在墙上而是堆积在地板上。"他无法忍受陈旧的艺术。"大卫·鲍登（David Bourdon）说。事实上，安迪无法忍受任何陈旧的东西——这是收藏家的一个悖论，即他往往喜欢过去的东西。安迪收藏的驱动力实际上是一种披上了伪装的革新或复苏，因为他虽然寻求"新"范畴，但是那"新"范畴的内容却是旧的。被相似性裹挟着的安迪，随时随地追寻"差异"——通常是拥抱一个新的范畴，而把昨日的陈旧模式踢到一边。他在《安迪·沃霍尔的哲学》一书中写道："无论何时你总会重复做相同的事，无论这是别人叫你做的，还是出于自己的需要。当然，你也总会犯相同的错误。在你踏进的新领域，你都会重蹈覆辙。"

进入70年代，安迪的新领域——有人也会说这是他新犯的错误——是商业。他成了公司法定代表人，下辖艺术部、电影工作室、发展部，还有杂志。成了"船长"的安迪，希望有人来替他掌舵。他选择了弗雷德·休斯，一位来自得克萨斯州的风流小伙子。他是时尚界"女祭司"

[①] 西洋景（peep show），通过小孔或放大镜观看的展品或画片。

黛安娜·弗里兰（Diana Vreeland）的爱慕对象——两人似乎都把粘发剂融进了灵魂[1]。弗雷德监管和组织安迪的事业，但同时也威胁着安迪：通过对安迪审美偏好和其在正规教育上的欠缺品头论足，弗雷迪有时会在"工厂"的访客面前羞辱安迪，指出他的失礼和用词不当之处。比较招人喜欢的是年轻的文森特·弗里蒙特（Vincent Fremont），他于1969年，离他19岁生日还差两个月的时候进入"工厂"，学徒期打扫车间和清理地面。从1973年起，他开始负责为"工厂"开写支票，然后在1974年成为工作室经理和安迪·沃霍尔公司（Andy Warhol Enterprises）副总裁。安迪可能曾以赞许的口吻称文森特为"正常人"，他头脑冷静而又善用反语，就像萨特主义者；他给安迪带来安定，因为文森特——尽管只是"工厂"内众多"孩子"之一——能够对纤弱而苍白的安迪扮演随和的父亲的角色。

电影部由保罗·莫里西负责运作。他在安迪的允许下制作了数部从商业上来看成功的影片。这些影片隐约带些安迪风格，最初的一部是1968年的《肉体》(Flesh)，由乔达拉斯·桑德罗主演——拍摄于安迪因瓦莱里枪击

---

[1] 两人都喜欢用粘发剂，且发型相似。

而在医院休养期间。接着莫里西拍摄了《渣》(*Trash*, 1969)、《热》(*Heat*, 1972)和《反抗中的女人》(*Women in Revolt*, 1972),以及两部和安迪风格离得较远的影片《安迪·沃霍尔的德古拉》(*Andy Warhol's Dracula*)、《安迪·沃霍尔的弗兰肯斯坦》(*Andy Warhol's Frankenstein*),这两部影片都拍摄于1974年。这之后,莫里西就离开了这个"毒巢"。这些影片中最让人开心的部分可能就是他诱导女演员奉献的表演了:西尔维娅·迈尔斯(Sylvia Miles)在影片《热》中扮演一个风光不再的过气人物,塑造了一个独一无二的既邋遢又性感的混合形象;还有俗艳的"变装女王"三人组合——糖果宝贝(Candy Darling)、杰基·柯蒂斯(Jackie Curtis)和霍利·伍德朗(Holly Woodlawn)。杰基和霍利集中体现了故作失败的变装:像粉刺一样令人惊悚的男性特征,从女性化的外形中突然冒出来。糖果宝贝比较娴静,来自长岛,原名吉米·斯莱特里,1974年英年早逝。她在《肉体》和《反抗中的女人》中的形象能够融化坚冰:她和她的偶像——没有情感的拉娜·特纳(Lana Turner)和金·诺瓦克(Kim Novak)——一样美丽,含蓄克制,常因回味自己微小的光芒而分神。糖果宝贝是安迪70年代这段时间里短暂而耀眼的"伊迪",为他的

白日梦提供空间和动能。糖果宝贝遭受的最大一次挫折来自二十世纪福克斯影业——尽管"她"主动写信自荐，福克斯还是拒绝"她"出演米拉·布雷肯里奇（Maya Breckinrindge）①，而是选择了拉克尔·韦尔奇（Raquel Welch）。糖果宝贝从此一蹶不振。

此时，安迪已经用磁带录音机——他的新"夫人"——取代了摄影机。在磁带的帮助下，他创办了一份杂志，一开始叫"访谈"（inter/VIEW），后来更名为"安迪·沃霍尔的访谈"（Andy Warhol's Interview）。起初这杂志由杰拉德·马兰加兼管，后因内讧而改由鲍勃·科拉切洛负责——他在1970年成为杂志的执行编辑。鲍勃是一位爱社交、善言词的意大利裔美国人，他有保守党的倾向和上流社会的品位；昂迪恩，与20世纪60年代的其他超级明星一样，离开了"工厂"（新管理层容不下他们），于是鲍勃·科拉切洛，就像鲍勃·奥利沃（Bob Olivo，昂迪恩的本名）一样，承担起为安迪提供故事和八卦的工作，因为安迪需要不间断的灵感刺激。帕特·赫恩（Pat Hearn）——一位画商，安迪后来为他画过像——告诉我：

---

① 同名影片《米拉·布雷肯里奇》1970年出品，讲述变性手术后成为漂亮女性的米拉在好莱坞的情感故事。

对于安迪来说，交谈不是谈"在某处聚一聚"，而是谈"信息"。安迪喜欢信息。在一盘记录他与鲍勃交谈的磁带中，安迪尖锐而强势地探寻真相的动机很明显，他试图说服本不情愿的鲍勃描述一次性爱体验。以下是对话中安迪说的话："那是谁，鲍勃？噢，快告诉我，鲍勃。是谁，鲍勃？到底是谁，鲍勃？天哪！麻利点！鲍勃，是谁？还是透露点秘密好。什么？什么？噢，快点！鲍勃，到底是谁？求你了。天哪，快点说，鲍勃，是谁？请告诉我。"这就是好事的安迪，那个手拿麦克风追着昂迪恩一路追入洗手间的安迪。

《访谈》杂志是继小说《a》之后，安迪最为持久的一次努力——试图跨越录音访谈与书写文字之间疆界。他弥合此分界的试验涉及一个严肃的哲学追问，即弄明白言说的意义在何处失效、如何失效，并追踪言词占用时间（说出和弄懂这些言词所用的时间）的不准确又随意的方式。安迪最为强烈的感受体验来自视觉，而非言语，然而他仍旧对自己那困难重重的言语表达过程有着浓厚的兴趣。作为一种理想化的媒介，《访谈》提供机会，满足他对对话的兴趣，同时也满足他发掘真实并将其封存在误贴标签的小盒里的欲望。通过录音机这一技术中

介，安迪欺哄了时间和对话，并将其作为带有他本人名字的产品，封装在"罐头盒"内。《访谈》引入了一些新的实践：发挥"尚非明星"者或"永远不会成为明星"者的功能，用明星采访明星［比如，让李·拉齐维尔（Lee Radziwill）①盘问迈克·贾格尔（Mick Jagger）］，发表特殊的录音稿，不加任何编辑和润色。由明星来拷问明星，为安迪提供了新的孪生替代形式：这是一个牛人与另一个牛人的对话，两位名人，双倍的光芒，彼此通过证实对方并非独一无二而使对方的光芒黯淡下来。（安迪的目的不仅是制造新星，还要削弱已有明星的光环。）于是，《访谈》成了安迪公司的内部刊物；在20世纪60年代，安迪通过给这些人明星地位而影响他们，现在他以在杂志上露脸而诱惑他们。每个月安迪都会向数人许诺同一个令人垂涎的封面人物位置，这让他臭名昭著。

尽管此时安迪已放弃野心勃勃的电影制作，但他也已开始探索有同源性质的电视技术和视频技术。和文森特·弗里蒙特一起，他于70年代作了数次商业冒险：1973年，为可能的电视剧做了两次试验，一部是围

---

① 杰奎琳·肯尼迪的妹妹，曾为波兰王妃，活跃在纽约社交界和时尚界。

绕一家旅馆展开的肥皂剧（是《切尔西的女郎》的升级版），名为《维维安的女孩》(Vivian's Girls)；另一部名为《冒牌货》(Phoney)，围绕电话交谈展开——这是对安迪自己强迫症般的"电话煲"进行录音的一个项目。他还试了另外一个项目［后来命名为《工厂日记》(Factory Diaries)］，即对工作室动态做简单的不间断影像记录。正如文森特告诉我的那样："安迪巴不得让镜头和录音机一天二十四小时运转。"（安迪准会对今天的电脑摄录技术感到满意，运用这个技术，普通人就能主演他们自己的"二十四小时实况转播"色情连续剧。）安迪想统治时间和空间，最大量地填满它们，就像是用沉重的石头一样。没完没了的拍摄是一种消耗空间的技术——糟蹋它，丢弃它，抓住它。不过，安迪也喜爱空无一物的空间。他在《安迪·沃霍尔的哲学》一书中说："当我看一件物体的时候，我总会看到它所占据的空间。我总想让那空间再现，重回。因为，当有东西在其中时，它就失去了空间。"然而他的收藏拒绝空间的复原，因为这些东西最终占领了他的家，房间已没有使用功能，堆满了大量未拆封的袋子、盒子这些购物游中扫来的东西。

安迪是想腾空空间，还是填满空间？依托一个时间

胶囊——一个装满琐碎收藏品的硬纸盒——这两项任务他都可以完成。时间胶囊是一场关于"虚无"的游戏，因为它的外表静默而且没有标识，就像一件没有标签或商标的布里洛盒子；时间胶囊，作为安迪"时/空"难题的一种普通的、非品牌的解决办法，也是一颗供其吞服的药片（如泰诺缓释胶囊），可以让他回避过去，将之封存在视线之外。这个工程，可能在他1974年将位于联合广场西33号的工作室迁到（数个街区之北的）百老汇街860号的时候，就已经开始；那些为了搬往新大楼而打包的硬纸盒，是二次受洗的"时间胶囊"，它们被封存保留——如同一堆抽象雕塑，等待身后重捡。最终，安迪积攒了超过六百个他希望卖掉的盒子。他发现，打开它们时会很痛苦：其中一个，安迪拆开时看到里面有他1968年6月遭枪击时染上血迹的衣服。如今，在安迪去世后，许多箱子已经打开了，里面的东西也都作了编目。比如第四十七号时间胶囊，里面装着色情书刊，时尚杂志，纳塔莉·伍德（Natalie Wood）的宣传照，一份印有约翰·肯尼迪照片的报纸，一本肯尼斯·安格尔（Kenneth Anger）的《好莱坞巴比伦》（*Hollywood Babylon*），安迪1957年在博德利画廊举办"金色画展"的邀请函，一些

账单，数期《生活》和《纽约客》杂志，一幅空白画布，一封来自杰勒德·马兰加的信，一本约瑟夫·切拉沃洛（Joseph Ceravolo）的油印本诗集，还有一份手写的题为《摆动》（*Vibrations*）的电影剧本概要，等等。时间胶囊所含之物万分庞杂，从垃圾邮件（邮寄广告宣传单）到安迪的绘画，其他人的作品，飞机上的菜单以及顺来的餐具。作为观念艺术作品，时间胶囊介乎安迪1962年所买的杜尚《手提箱里的盒子》（*Box in a Valise*，里面装着其作品的微缩复本）和安迪常设想的一场电视秀之间——安迪狡黠地想将他设想的电视秀命名为《马马虎虎》（*Nothing Special*），那是一个电视亭，记录碰巧发生的一切事物。这些未被打开的时间胶囊——直至封口拆开，其中的故事才得以被了解——为安迪在坟墓和尸身之间备好了一条完美的折中之道；他可以占据空间但也可以清空它，他可以是一具尸身但也会消失。让人难以理解的是：他怎能积攒六百个时间胶囊但又希望消失？正如他在《安迪·沃霍尔的哲学》中所说："在我生命的尽头，当我死时，我真心希望不要留下什么。我也不希望自己成为遗留之物。这周看电视时，我见一位女士走进一台射线机器，然后就消失了。那真是太妙了，因为物质就

是能量，而她就这么消失了。这大概才算是一个真正的美国发明，最棒的美国发明——能够凭空消失。"

在绘画领域，与时间胶囊所玩的这种消失伎俩——填满空间的同时又清空空间——可相匹敌的，是他那不朽的委托肖像画系列，这个始于1970年的项目占用了他整个余生。人们尚未认识到这些作品的伟大：20世纪70年代末这些肖像画在惠特尼美国艺术博物馆（Whitney Museum of American Art）展出时，评论家们因为这些作品都已售出而炮轰安迪。安迪不仅因创作它们而收取了重金，还因为替伊朗国王的妹妹这类人画肖像而犯下了政治罪。这些肖像画的"屏目的"（screen purpose）——若按弗洛伊德"屏记忆"（screen memory）①的模式来理解——是为了赚钱；每幅画像安迪可能收取五万美金。但是，再往远一步说，这些肖像画，就像安迪从不停歇的许多其他工程一样，是试图捕捉世上每一样东西，试图将捕捉的行为风格化，试图使其贪婪野心以装饰性的可爱面目出现，从而显得易于接受和合法。安迪一年创作五十到一百件委托肖像；其中许多归私人拥有，这带来一个遗

---

① "屏记忆"（screen memory）是弗洛伊德心理学中的一个概念，指来自童年经验的想象性记忆，其作用或目的是掩盖与此相关的痛苦经历。

憾，即它们可能永远不会作为一个系列而展出。考虑到它们的总量，即便它们假装要保持各自的特征，而结果不免还是剔除了属于每一位模特的特质。这些肖像画的诱惑——艺术家抛给客户的诱饵——是有机会获得安迪风格：以安迪标志性的人物肖像丽兹、玛丽莲、杰奎琳的风格，出现在色彩夸张的丝网画上。但是被玩弄的是客户：被画得"像"一位丽兹，意味着模特主体承认自己是替代者，是追慕光环的普通人，只不过是又一个没有独立性的风格化的人。尽管他在20世纪70年代和20世纪80年代创作的肖像画中有许多名人，但更多的还是非知名人士（如某位无名的富人，或某位无名人的女儿、儿子、妻子或丈夫）。无论知名与否，安迪的每一位肖像模特都渴望成为遥不可及的明星宠儿；肖像画嘲弄着也实现着这一愿望。这些肖像模特此时既是明星也是普通人——在安迪眼中，这就像盒子、尸身和房间一样，既是空着的，也是满着的。

安迪制作肖像的方法极费工夫，很少即时完成。他先为肖像模特拍摄五十张左右的宝丽来照片，选取理想的一张，制成丝网图像（有时是在事先画好的背景上），偶尔会补上几笔炫酷的手绘，仿佛是在戏谑性地向他久已放弃的表现主义作风致敬。安迪最喜欢的一款宝丽来相机是"Big

Shot"①：为了聚焦，需要距拍照对象三英尺远。这条"防疫"的封锁线——很少被僭越——将安迪和他的"猎物"分隔开来，同时也保护安迪免受对方侵占式的触碰。肖像画实现了安迪摄影与绘画的美好结合——摄影和绘画这两种媒介安迪绝不会取此舍彼。正如 60 年代的电影试镜巧妙地调动了静止照相和移动画面之间的互动，委托肖像画显然来自宝丽来相片，但是画作中那些不合时宜、令人紧张和刺目难忍的色彩却凸显了其布面绘画的品质。色彩是一种掩饰——化妆品，伪装——安迪将之施于被拍摄者的脆弱面孔上，或是出于保护的目的，或是为虐待。他满足了这些可怜模特的愿望，即被描绘得有吸引力，有安迪风格，并且不朽；但他也通过重复涂绘或添加不恰当的色彩而糟蹋那愿望。模特的名誉账还清了；安迪沾沾自喜。画中的面容在确信与消失之间摆动——就像他的画作《阴影》②。

---

① 此款相机体积较大，1971 年发布，1973 年停产。它被设计为只适合拍摄肖像照片，相机本身是固定焦距，拍摄者需前后移动，直到被摄物在焦点上。

② 《阴影》是沃霍尔在表现主义画家罗斯科（Mark Rothko）影响下创作的抽象画系列，画面由单色系紫色、深红、亮黄、深蓝、银色及大片的黑色构成。这组作品是沃霍尔为著名的迪斯科俱乐部"Studio 54"创作的装饰画，其富于变化的视觉组合所营造的空间感也类似身处迪斯科舞厅的感觉。沃霍尔自己称这组抽象画作品为"迪斯科 - 罗斯科"（disco-Rothko）。

他的肖像画中，最著名的是始于1972年的毛泽东像——当然不是委托作品。1974年，他将这些画像挂在印有毛泽东头像的墙纸上展出。选择毛泽东作为主题重启了安迪早年对共产主义的拥护；他喜欢那种抹去所有人人格的强势的明星存在，但同时也喜欢拉平名声的差别，让每一位公民获得少许知名度。毛泽东的脸是这位世上最大明星的一张闪存卡，但是他的这种狂热崇拜预示着个人主义的坍塌；就像安迪1962年所创作的拼贴画"女性影星组合"（*Female Movie Star Composite*）——那是由墨笔所绘的四张银色面孔，分别是琼·克劳馥（Joan Crawford）、葛丽泰·嘉宝（Greta Carbo）、索菲娅·罗兰（Sophia Loren）和玛琳·黛德丽（Marlene Dietrich），它们彼此叠在一起，形成了一个仿佛出自莫罗博士之手的无法分辨的半机器人[①]——安迪笔下的毛泽东是当代基督，他的面容——如果你膜拜这面容——宽宥（也毁灭）了个性气质。

[①] 乔治·威尔斯科幻小说《莫罗博士岛》中，一名叫作莫罗的科学家，利用自己掌握的科学知识和科技力量，利用器官移植和变形手术等一系列惊世骇俗、前所未闻的实验，创作了一种半人半机器的新物种。他利用一切手段，使自己成为这些兽人所崇拜的神，统治着这个不知名的岛屿。

顺着毛泽东像这一轨迹，安迪在1976年创作了镰刀和锤头的丝网画。他对共产主义符号的钟爱可能部分是为了取悦欧洲的收藏家和批评家（他们倾向于在安迪的作品中读出马克思主义者的旨趣），但是他一贯钟爱私人身份的图像而抗拒（也屈从）大众文化的疯狂复制，一贯寻求直白呈现的面孔而拒斥比喻性的面孔。镰刀和锤头也许是象征符号，但安迪制作的镰刀和锤头图像可是来自真实镰刀和锤头的照片——作为模特的镰刀和锤头是罗尼·卡特龙在五金店买的。

这一时期，极其广阔的主题范围是他的着力点：那是一场关于多元化、普遍性和风靡之势的表演。在20世纪70年代，他不仅制作毛泽东的丝网画，还制作了吉米·卡特（Jimmy Carter）、麦克·贾格尔（Mick Jagger）以及来自纽约城酒吧和码头[《女士们和先生们》（*Ladies and Gentlemen*）系列①]的非裔和拉丁裔异装癖者的丝网画；他不仅制作了镰刀和锤头的丝网画，而且制作了宝石和葡萄的丝网画，还有关于头骨、自画像的丝网画。如此混杂的主题——如此无所不包的趣味——不该阻碍我们理

---

① 安迪于1975年创作的不牵涉商业利益的肖像画。画中人物的造型和姿势稀奇古怪，被涂以刺眼的橘红色、淡紫色、朱红色和鲜绿色。

解其中的重要意蕴：确实，他之选择毛泽东，选择宝石，都有其特别的意蕴。但是安迪更大的兴趣不在单个对象的含义，而在于不同种类之间的增生扩散，以及每一种形式都易于被其相邻的兴趣闪电般侵占的脆弱性。如果有葡萄在一旁，宝石就不会永远保持宝石的原态；葡萄会变得越来越得像宝石，而宝石也会变得越来越像葡萄。自从安迪把他纳进丝网画，毛泽东就不完全是毛泽东了。对许多观众而言，安迪丝网画中的毛泽东涵盖了那个真实的主席。

安迪抱有一种幻想：不存在死亡，人们在生命的尽头只不过是消失了或是飘走了。这种童话故事般的假想，在他需要面对亲人与好友的死亡时就派上了用场。伊迪·塞奇维克于1971年死于药物过量。安迪没有清楚地说明伊迪过世对他的影响；让伤痛埋在心里，是他的一贯做法。当他母亲的健康状况恶化——饮酒和衰老压倒了她——而他发现自己无法照顾她时，安迪把她送回了匹兹堡；第二年，也就是1972年，茱莉亚去世，享年八十岁（也就在那一年，安迪把他20世纪60年代拍摄的影片退出流通）。他没有参加母亲的葬礼；他没有勇气面对

这一切。有个亲戚寄给他一张茱莉亚躺在棺材里的照片，让他产生了深深的负罪感。他选择的方式是送去一张自己的照片放入茱莉亚的棺内。安迪用一幅画像来纪念她，画像的风格与他的其他定制作品一样：在茱莉亚那张坚毅的脸上——有人或许认为她像旧世界的农民，尽管其实她的长相与乔治亚·奥基芙（Geogia O'keeffe）出奇地相似——安迪添加了力度很强的指画图绘，似乎是在把他的绘画癖好联系于母亲早年的指导。对于大多数人，他都没有告知母亲的死讯。在他们问起茱莉亚的身体状况时，安迪就会说她去布鲁明代尔百货店购物了。然而，安迪对母亲之死的愧疚之情从未停止：在他即将告别人世时，安迪在日记中写道："每到圣诞节时，我就想起我的母亲，我就在想把她送回匹兹堡的决定是否正确。我至今都很内疚。"

茱莉亚在镜头前的最后一次露面，是客串《工厂日记》的一个片段——安迪和茱莉亚在一起看电视的简单而鲜活的场景。实际上，画面中看不到安迪，他在镜头后面。但是我们能听见他的说话声。基本上，摄像机追踪的重点是茱莉亚的电视机——电视中，人们正在观看一次月球行走任务（1971年初）的远程监控视频。每一

个人——母亲、安迪、行走于月球的宇航员——都需要电视屏幕:电视把月球活动带进家里,就像安迪手中的摄像机,把他正在参与而同时也正在屏蔽的家庭场景复现在他面前。茱莉亚在床上侧躺着,安迪说:"妈妈?"她抬起头回应:"什么?"然后场景就结束了。这是他们母子之间有记录的最后一次互动:她对安迪所说的最后一个词,就安迪的艺术所知,是"什么。"在听了安迪的一些录音带后,我的印象是安迪在交谈中经常说:"什么?"要么因为他无法领会别人在说什么,要么因为他想让对方确认一下,又或是因为他喜欢重复,希望听见两次相同的评价——也许他心里希望对方第二次所说的内容会变得不太一样。我推测,安迪常说"什么"的最主要原因是他在听懂别人说话方面有些困难,也因为他需要时间来做出有条理的回应。

安迪起初可能没有告诉任何人茱莉亚的死讯,因为他觉得简直无法开口。母亲的死令他感到羞耻,或者说无力谈论母亲之死令他感到羞耻,这可以从他日记中讲述的一个看似更感伤的故事中看得清清楚楚。"布里吉德给我讲了新闻里说到的一个男孩,他的母亲死了,他没有告诉任何人,而是将尸体藏在屋内八个月。"四年之后,

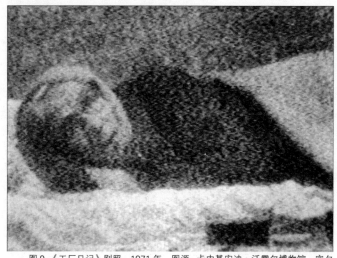

图9:《工厂日记》剧照,1971年。图源:卡内基安迪·沃霍尔博物馆,宾夕法尼亚州匹兹堡,2001年。

床上的母亲。

安迪对艺术家曼·雷（Man Ray）之死的反应，进一步解释了他对茱莉亚之死的古怪缄默。《工厂日记》有一段影像，记录曼·雷去世后安迪临时口述了一封给曼·雷的录音信件。安迪一再愉悦地描述他与曼·雷会面并为其照相的记忆，但根本没提曼·雷已去世的事实。尽管这录音经转写后不再能捕捉到安迪当时的声音，但多多少少传达出他用来回避死亡的交谈方式：

> 没有人告诉我要聊什么。你是指给曼·雷写封信吗？好吧，他是个很棒的人……而且他太可爱了：他给我照相，我再给他照相；然后再由他照我，我再照他；接着还是让他给我照相，我再给他照相；他给我照，我再给他照；他给我照，我再给他照……亲爱的曼·雷，我想这是在与你告别。我恐怕再不能见到你了。我有一张你的照片，一张宝丽来照片，夹在一本红色小书里……我用了好几小时才将照片一张张夹进去……我想我们最好去砍下（圣诞）树，因为它看起来马上就快倒了。我的狗，阿奇和阿莫斯，向你问好。我不知道再说些什么。以前我还

6. 阴影

真没太多话要对你说。我所做的只是拍照而已。

可见,安迪承认——以前所未有的坦诚——不断地重复拍照让他得以专注于死人、活人,那些他喜欢却不能与之交谈或不能谈论的人,即使是在他们离世之后。安迪唯一能做的是为他们画像。复制也是茱莉亚的风格;或许她也将此传授给了她的儿子。在一次采访中,她以欢快的赞许之情谈起安迪对相似性的迷恋,并且提出了一个异想天开的假设——同性复制,即克隆:"我不介意他(安迪)当真与其中一个男孩订婚、结婚……没准儿他会有个小孩子,我是说一个小安迪。那样的话我就会有许许多多小安迪,你知道的,安迪,安迪,又一个安迪……那不是很美妙吗?"

当茱莉亚渐渐衰老,安迪与其中一个男孩,也是茱莉亚非常满意的一个,结婚了。这个男孩的名字叫杰德·约翰逊(Jed Johnson);他和他那同样聪明可爱的同胞兄弟杰伊(Jay)一起,于1968年进入"工厂"。与杰德相处的日子,是安迪一生中最长久的一次感情生活,而最终又演变为他最深的伤痛。知情人说,在安迪三个重要的爱人中,杰德是第二位〔第一位是查尔斯·利桑

比（Charles Lisanby）]。杰德搬去与安迪同住，部分可能是为了帮助照顾茱莉亚；茱莉亚去世两年后，"男孩们"搬至东66街的57号，杰德还重新装修了新家。安迪明显地贬低杰德——他吝于赞美，以此打压这位年轻人的自尊心。帕特·哈克特告诉我，安迪对杰德装修新房子的工作一直保持缄默，直到其他人"七嘴八舌表示钦佩"之后，安迪才称赞杰德出色的装修工作。杰德导演了安迪1976年出品的影片《坏》（*Bad*），编剧是哈克特（这部影片彻底失败，但仍值得我们认真审视，因为它的特色——也许是无意之举——是令人惊讶地呼应了安迪的家庭生活）；安迪因《坏》的布景对帕特和杰德发怒，这一系列紧张关系可能导致杰德在与安迪相守近十年之际，决定离开他。与安迪之前的男友相比，杰德的角色更像是维多利亚时代的"家庭天使"（angel-in-the-house）[①]；他代替茱莉亚成为家庭主妇。他的嗓音很像安迪和玛丽莲·梦露。轻声慢语，害羞、内敛，杰德与那些充满活力和进取心，爱出风头的人恰好相反——那些人遮蔽了

---

① 英国维多利亚时期形容女子的术语，出自考文垂·帕特莫尔（Coventry Patmore）赞颂妻子为女性典范的同名叙述诗《房中的天使》。后用来指代足不出户、温柔天真、依赖丈夫的女性形象。

安迪的存在。

安迪的家庭生活仍然是个谜。他花费大量时间在"工厂"、派对、晚宴和歌厅上,但是仍睡在家里,在家里吃早饭,在家中养宠爱的狗(狗已取代了20世纪50年代他的"猫咪"),在家里涂眉毛、戴假发,把采购的东西带回家。家是他得以默默黏合自己的地方:他经常用"黏"(glue)这个词来形容他自我修复的过程,当然也包含字面意义,即将假发粘在头顶。比如,1976年圣诞节那天的日记写道:"天开始下小雪了。谢天谢地,要离开这儿回家了,为迎接贾格尔夫妇做准备。回到东66街去'粘'。"躲到一旁去"粘"(修复),星期天——去教堂礼拜的日子——似乎是最充实的居家日子。星期天,安迪把自己交给上帝、杰德和家庭。星期天,安迪也让自己回归艺术——他害怕自己繁杂的社交活动已经遮掩了艺术。所以许多个星期天,他似乎都在家里画画。1978年11月26日日记记录道:"我去了教堂,外面真美也真冷。之后我就工作。我画了大地和月亮,还看了电视。"安迪意识到,在20世纪70年代,批评界很大程度上已经对他失望,仅仅把他当作一个社会画家。事实上,安迪在这十年内仍然是丰富、多产的艺术家,但是他怀疑

自己对事业的忠诚，而家（那是他的王国，一处象征性的庇护所，一所城中宅第）成为一个他可以从事真正工作、真正艺术的理想场所，远离闪光灯的纷扰。1977年5月25日，安迪在巴黎参观蓬皮杜艺术中心，他在日记中写道："我们看了金霍尔兹展①，然后是下周将要开展的'巴黎－纽约'展，然后是固定藏品。看了两个来小时，鲍勃快累趴下了，但是我还精神抖擞，就想赶紧跑回家去画，而把社会肖像画的创作搁在一边。"

"咖啡族"——安迪为了艺术而加以利用的群体——为安迪的名声和身份试验提供了试验场：因为波普艺术和银色"工厂"而"恶名"在外的安迪，如今可以周旋在名人圈，似乎就是他们中的一员——丽兹、比安卡·贾格尔、莉莎·明内利（Liza Minnelli）、杰基·奥纳西斯（Jackie Onassis）、杜鲁门·卡波特、侯斯顿（Halston）、波莱特（Paulette Goddard Chaplin Meredith Remarque）、雪莉·麦克莱恩（Shirley Maclaine）、帕洛马·毕加索、亨利·基

---

① 指爱德华·金霍尔兹（1927—1994），美国装置艺术家。其作品呈现有立体的"舞台布景"，他所使用的创作材料主要由日常生活物品，在跳蚤市场上淘来的现成品，废品堆放站里的垃圾以及西方消费文化中的废物组成展览，同时还有不同家庭成员及其朋友的石膏模型。

辛格、吉米·卡特、伊夫·圣罗兰、玛莎·葛兰姆（Martha Graham）、瓦伦蒂诺、劳伦·巴考尔（Lauren Bacall）、黛安娜·罗斯（Diana Ross）、迪克·卡韦特（Dick Cavett）、埃塞尔·默尔曼（Ethel Merman）、乔治·库克（George Cukor）、坎迪斯·伯根、费德里科·费里尼（Federico Fellini）、皮埃尔·卡丹（Pierre Cardin）、弗拉基米尔·霍洛维茨（Vladimir Horowitz）、约翰·列侬、厄休拉·安德烈斯（Ursula Andress）和恩格尔贝特·洪佩尔丁克（Engelbert Humperdinck）。实际上，他比其中许多人更有名，在成就方面当然也是如此；但是由于他以"重生"的面貌现身，加上从不离身的相机与录音机，让他保持着独一无二的特殊性，不是作为他们中的一员，而是作为良知和谴责，谄媚者和畸零人。他的角色不是与名人沆瀣一气，而是去嘲讽他们；是像利用斜体字那样，把人们的注意力引向他们的名气；是去概括他们，以至每一位与安迪站一起的人，与他同框或被他拍的人，都失去个性，而成为符合安迪原则、安迪王国的一员。他们的角色是为证实安迪已经成功进入上流社会——照他和布里吉德·柏林或鲍勃·科拉切洛的说法，那是"高处"，犹如"天堂"或公园大道。没有什么比一位杰出画家为了

跻身于富豪和低俗名人聚集的"高处"而自贬身价更该遭天谴的了。安迪的伎俩——他的骗局——是通过把他的攀附或堕落变成一种艺术行为，通过拍下他到达时所看到的，把艺术潜运至上流社会。跻身上流社会的探索也是一种并置练习：他不再需要去画名人，就像曾经画丽兹、"猫王"和特洛伊那样。现在，他只需站在他们身旁。

他在数部书里面实践了这种与明星并置的练习——把自己放在其他明星边上，像不协调的侧栏——像往常那样，他为这些书征募了合作者。其中的一本是《曝光》[Exposures，此书最初有一个更具刺激意味的书名：《社会疾病》(Social Disease)]，这本书表面上是关于安迪的，而实际上是一本配有安迪式文字（以安迪的口吻）的名人照片汇编。书这样开头："我有一种社会病。我每天晚上不得不出去。"这一导言页的对页是一张公共厕所的照片，一卷卫生纸散落在便池周围。这张照片寓意巧妙：安迪是在通过深入社会而抹黑社会，就如同他通过在社会中的冒险而恶搞艺术一样。这些主导了20世纪70年代生活的冒险，发生于纽约及其他地方同性恋性事开放和兴起期间；安迪看似没有直接参与这场同性恋狂欢，

但是他对上流社会的大肆抨击,他的诸多混合实验(在一众聚会池中投放一丁点儿"安迪"色剂,就足以使池水变色,使之转化为艺术作品),才是属于他们自己的多伴侣性爱。

《曝光》一书的合作者有鲍勃·科拉切洛和年轻的"小精灵"——一个名叫克里斯托弗·马科斯(Christopher Makos),有着一头金色鬈发,容貌俊朗的摄影师。他与安迪一样,以极自然的态度迷恋情色:克里斯托弗和安迪都毫不掩饰他们对性的好奇,克里斯托弗的摄影才华还激励安迪投身于纪实性快照(20世纪70年代中期,受益于拥有一副35毫米镜头,安迪得以突破他之前的宝丽来相机的制约大显身手)。马科斯的安迪照片回忆录——《沃霍尔》(*Warhol*,1989)——展示了安迪在汽车、建筑物、中国万里长城旁,以及乔治娅·奥基弗和阿彭斯滑雪场旁的照片,这也是在延续安迪的并置艺术。安迪喜欢让自己挨着非安迪化的物体和人物,于是他的"安迪质"就能标识相邻者,使其安迪化。他希望把整个世界转变为他的主题公园:让安迪法则风靡全球,像麦当劳的汉堡一样。

与科拉切洛和马科斯一道,这时期另一位具有博斯

韦尔（Boswellian）风格[①]的合作者是帕特·哈克特。她开始为安迪工作时还是巴内德学院（Barnard）英语专业的学生，后来成为深受安迪信任的抄写员和合著者。1975年，她完成第一本合著《安迪·沃霍尔的哲学》，然后是1980年的《波普主义：沃霍尔的60年代》（*Popism: The Warhol'60s*）；安迪离世后，又出版《安迪·沃霍尔日记》（*Andy Warhol Diaries*，以下简称《日记》）。哈克特拥有妙肖安迪的神奇诀窍。为了构思《安迪·沃霍尔的哲学》，她为安迪准备了一系列问题——像一门严肃的哲学课——引导这位大师思考其工作，以及空间、时间、死亡等议题。哈克特负责询问，而安迪抛回答案；有时哈克特自己填上空缺。有一次，哈克特有了一个很好的见解，安迪对她说："你得写得像我的语言。太棒了。"哈克特不但是安迪语言的助产士，还是安迪语言的母亲。他们最宏大的合作是《日记》，开始于1976年——安迪借此记录其向美国国税局纳税的情况。这本书包含更多自述的成

[①] 一种传记风格。18世纪的传记风格开始多样，英国人博斯韦尔（James Boswel）撰写的《约翰逊的生活》后成为传记中的权威作品。其不仅取材于作者与主人公的对话，而且还利用了主人公其他友人的信件、采访、回忆作为素材。

分。在每天打给哈克特的电话中,安迪告诉她前一天的活动,她再根据记忆和记录下来的内容将其誊写为文字,以保留下安迪那颗冷酷之心的证据——特别是对那些以居高临下的姿态对待其艺术的人。(他们的合作行为重塑了安迪的语气,但没有一字一句地再现它;因此阅读日记文本时要有批判的眼光,视之为一场复杂的、掩饰过的表演。)不过,《日记》呈现了一个我们在其他地方不可能见到的柔弱的安迪,同时也揭示了他那颗盛名之下却始终不曾摆脱痛苦的心。安迪清楚地知道,由于他显眼的同性倾向和重商主义态度,他曾是艺术界的浪子、叛徒。1977年3月18日,他表达了这些局促不安:

> 与文森特(花费2.75美元)一起打车去弗兰克·斯泰勒的工作室,那里有一场庆祝奥·斯泰利从事艺术商业二十周年的派对。弗雷迪说我必须得去——正是我讨厌的那种派对,因为那些人都像我,非常相似,也非常特别,但是他们都那么有艺术范儿,而我却如此充满商业气,真是别扭。我想,如果我认为自己真的好,就不会见到他们而感觉别扭了。所有这些我认

识了好些年的艺术家,都带着第二任妻子或女朋友……

如果安迪认为自己优秀——或者,如果像卡斯特里圈子中的其他艺术家一样,他也有位妻子或女朋友——他可能会感到更自在些。请注意:安迪并不是可怜自己,也不是在就同性恋权利问题发表一个冠冕堂皇的政治申明。他只不过是承认自己的不同罢了。

似乎是为了夺回深度、内在性和神秘性的高地,安迪在20世纪70年代转向了抽象艺术,令他的朋友和敌人都大吃一惊——于安迪而言,不是出于怀旧或嫉妒而重返这他早已超越和抛弃的领域,而是为了证实他个人的信念:性欲是一个抽象之谜。任何让安迪感兴趣或困惑的东西都是抽象的,尤其是钱和性。他在日记中说:"天哪,真是不可思议,有这么多钱,这太抽象了。"还有,据鲍勃·科拉切洛说,当糖果宝贝在医院快要死的时候,安迪说这事"抽象";他也说过"政治这么抽象",还有"爱情太抽象了,鲍勃"。在科拉切洛信息丰富的回忆录《淘气鬼:安迪·沃霍尔特写》(*Holy Terror: Andy Warhol*

Close Up）中，他回忆起有一天晚上在鹰巢酒吧，一个男人"往一个空啤酒瓶中撒尿，然后放在吧台上，看看有没有人喝掉它"，安迪对此评论道："这太抽象了。"科拉切洛还回忆起安迪审视性感、清晰的宝丽来照片时的情形："他拿着一张'虐交'照片举在眼镜前仔细审视，就像是在看巴西丛林里发现的从未见过的宝石一样。'我是说，这太，太……太抽象了。'"此外他还打趣地说起安迪常用的"口头禅"："性是如此抽象。"

安迪在抽象领域最有野心的尝试是其标志性的《阴影》（*Shadow*，1978—1979）绘画系列。在这组作品中，他上演了视觉的瓦解。宝贝简·霍尔泽向纪录片制作人大卫（David Bailey）描述了安迪所传达出的失明印象："你真的会觉得他可能是个瞎子，你真的会觉得他很难看见……"关于《阴影》系列，安迪这样说：

> 实际上这是一幅画，有八十三个组块。每一块高七十六英寸，宽五十二英寸，除了色彩，它们差不多一模一样。我称之为"阴影"，是因为它们是根据我办公室里的一块阴影的照片而创作的。这是一件丝网画，也加了涂绘……有

人问我它们是否是艺术，我说不是。你知道，开幕式派对上都有迪斯科。我想这让它们像是迪斯科舞厅装饰。这个展览将会像所有其他展览一样，但评论会很糟——我的展览得到的评论总是如此。但是对这场派对的评价将会很好。

迪斯科——机械化的砰、嘭，没完没了的"女性至上"口号回响，伴随着性感的摇摆舞——是一种经过重新变调、重新合成的"洗白"了的黑人音乐，而安迪的阴影就是一场"黑色"狂欢。有时，阴影是黑色背景上的一抹色彩；有时是彩色背景上的一块黑；还有时阴影和背景都是黑色。安迪从未澄清过何种典型的障碍物会投下阴影；从一个角度看，阴影就是安迪自己，是那个经历 1968 年枪击之后就有一种虚幻感的安迪——不是液体也不是固体，既不是活的也不是死的。在安迪 1981 年的系列丝网画《神话》(*Myths*) 中，安迪将自己描绘成《阴影》（取自广播连续剧）的模式；在这幅自画像中，他面向观者，而他的影子，那拉长了的侧脸轮廓则向一旁凝视。阴影，就像照片一样，一旦移离，它就是某物的一种痕迹；但是在《阴影》系列画中我们却无法命名这种在

场。这些画第一次展出的那年，安迪在日记中暗示阴影中潜藏着生殖器宝库。在描述影片《恋马狂》(*Equus*)时，安迪说："这片子呈现了最长时间的裸露。通常情况下，在给阴茎拍照时，会选择让其藏在阴影里，而阴影所在之处就是阴茎之所在。但是在这部电影中，阴茎总是直落视野，无所遁形。"安迪的"阴影"绘画不是对生殖器官的升华表现；它们是抽象思想的脑电图——他试图专注于一个他想看却看不清的范畴的努力。尽管没有赤裸裸的情色意味，但阴影画延续了他20世纪60年代的电影（从《沉睡》到《蓝色电影》）的冲动。阴影画，就像电影一样，讲述着什么正在消失，什么已经消失；它们焦虑地搜寻出神秘莫测的现象（性、睡眠、呼吸、吃），却又生怕眼睛无法胜任照料生理存在的角色。

讽刺的是，对这位极度虚幻化的艺术家而言，抽象是直面身体及其良性排放的一种方法。他的氧化绘画（Oxidation painting）——大约创作于1978年——从膀胱流出的"乏味之水"中发现滑稽、污秽的法术。其中，在白色石膏板上撒尿而形成的制品是所谓的"小便绘画"（piss paintings），而组画中的其他作品——那些被恰当地称作"氧化"绘画的作品——是在用铜粉漆处理过的画布

上撒尿而制成的；尿液与金属起氧化反应后形成抽象的图案——云状的、滴状的、溅洒状的，还有半影状的。卡特龙和安迪参与一些撒尿行为，其他来工作室的访客也会协助完成。卡特龙还记得早晨起来憋尿到工作室的情形，这样他就能给老板的"白画板"（tabula rasa）提供一份满满的礼物。他告诉我说，他和安迪一样都羞于撒尿，但是"我们知道什么是我们必须做的"。然后就留给安迪去发现金属板上的黄绿色斑迹之美——区别于公共卫生间内小便池上的污渍：其他任何作品系列中，安迪都没有找到这样一种从抽象提炼色情意味的有效途径。原本具有尿液或精液指向的杰克逊·波洛克的"滴画"，经安迪的戏仿而变得异常古怪，仿佛安迪正以隐喻之手握住前辈的"画刷"——那是安迪和卡特龙用来代指排尿生殖器的委婉说法。

若是不论他的"鸡鸡画"和电影，没有什么作品比他1977年创作的"躯干"系列（还伴有一个尺寸更小、指向更清楚的"性部位"系列）更为挑逗性地探究了男性身体；这些图像，尽管仍然在其大胆的形体表现中追求一种严正的形而上学的傲慢，但是几乎放弃了抽象。这些躯干块表现从身体上截取的腰腹部、臀部、腹股沟（绝

大多数是男性的，很少有女性的）。这些丝网画的原型，是安迪用宝丽来相机拍的"工厂"访客的裸照快照——凡是来到"工厂"的访客，安迪都会劝诱他们脱下裤子拍张裸照；以及他拍的数百张身体性部位的照片——有些照片是在"工厂"的里屋拍摄的，但是绝大多数是在厂区外第五大道下街的一座阁楼里拍摄的。这组局部照的明星是阁楼的主人维克多·雨果（Victor Hugo），一位皮肤黝黑的委内瑞拉人。他像20世纪60年代的昂迪恩一样，能摆出超常的造型，这些都是安迪不敢用他自己的身体去尝试的。雨果出现在许多宝丽来快照中，这些照片与安迪据之而创作的丝网画和丝网版画拥有同样多的感性内容。宝丽来相片当然更性感、更生动。而且，除了清晰，它也像丝网画一样揭示了安迪的愿望：想截取性，想知道多少肉体能够纳入 Big Shot 相机那有限的取景框内，想观察这些空间上的限制如何疏远、割裂身体。安迪从不拍整个身体；他通常只盯住腹股沟、胸、腰腹或臀部。他特别喜欢"截取"，把腹股沟、大腿和腹部作为一个独立单元分离出来：类似的构图焦点也曾支配着他20世纪50年代的裸体素描。据我估计，百分之七十左右的宝丽来照片是关于臀部的：仿佛《泰勒·米德的屁股》的归来

版。安迪认为他的这一系列是抽象的:他称之为"风景"(landscape)。1977年3月14日(星期二)那天,他在日记中写道:"维克多带着一个裸体模特过来了。我让一些男孩子来做模特,为我正在创作的新画拍摄裸体照片。但我不该称这些画为'裸体'。应该以某种更艺术性的东西来称呼它们,比如'风景'。"风景,这个词用得多妥帖啊。这是工作,不是游戏。使之成为劳动(而非游戏)的,是安迪的愿望——他希望将裸露的身体看作抽象的"反物质",希望宝丽来相机有限的取景框把构图的重心放在身体上,将之挤进一个封闭的区域,只偶尔因墙上的一抹艺术气息的影子而变得松动。这些男模都不具姓名。安迪创作的定制肖像证实并吹捧个人身份;"躯干"系列抹去姓名但歌颂身体方面的怪异特征。每个人的身体都有其独特的印记。比如,有一个人展示了他那变了色的龟头,这似乎引起了安迪的兴趣,因为他为此拍了许多张照片。阴茎上的不规则图案——就像阿希尔·戈尔基(Arshile Gorky)绘画中的生物形态——诡异地让人回想起安迪年轻时皮肤斑斑点点的疤痕。

为了结束他的危机,也为了让近来一本自助手册所呼吁的"多重性高潮的男人"开花结果,安迪制作了一

套名为"精液画"的小系列抽象作品。他在日记中描述了围绕他们创作的一个争论:"我送给凯瑟琳·吉尼斯(Catherine Guinness)一幅画,上面有一些我的精液,但是维克多说那是他的精液,然后我们为此打了一架。但是我现在再想想,可能真是维克多的。"我还没遇见过什么人实际看见过安迪制作"精液画"。也许他是在家里操作他的"私笔"①,或是在"工厂"的洗手间——当摄影环节变得太火爆的时候,他躲到那儿去"透口气"。"精液画",就像"小便画"一样,煽动"性",但同时也掩盖"性":产生、排出这些黏液的身体留在画框外,被屏除出视野——尽管这一次没有借助丝网。

"精液画","小便画",还有躯干系列,推进了安迪"将男性身体从其桎梏中释放出来"这一终身志业。然而,讽刺的是,他自己的身体如今却被彻底上了铐——被腹带,被身体的疼痛束缚住了。疤痕和腹带给他塑造了一个新躯干,整理过的,但也是被绑上了的躯干。(躯干系列绘画和木刻,是安迪自己那断裂的躯干所投下的理想化的影子。)他在1977年制作了专业运动员(多萝

---

① 原文为"his private paintbrush",指他的阴茎。

西·哈米尔、O. J. 辛普森）的丝网画，1978年拿性感猛男如维克多·雨果试镜，并制作他的脸部肖像（包括模仿奶牛和毛泽东的自画像墙纸），但是他自己的身体却留在了束布下，虽然被困，却又渴望展现自己。但这渴望在马科斯、科拉切洛和众多社会上的摄影师给他拍的数千张照片里实现了。每次他出现在开幕式或开业典礼上，它就透露其在场；每一次首映都是一个公开的洞口，可供他的身体潜入，暗示它的无力的愿望。（他说，我愿参加任何开业典礼，包括坐便器开业。）他谋骗来的一次露面——即使秀兰·邓波儿也会嫉妒——是在伊丽莎白·泰勒的一部电影，1974年的《驾驶座》(*The Driver's Seat*)中饰一个小配角。最终他真的出现在那里——不再仅仅作为丽兹的粉丝，而是与她同台的明星。安迪，曾经的弑父幻想者，在这部影片中的一句名言："国王就是一个白痴。"鲍勃·科拉切洛在《淘气鬼》中描述了课外、银幕下和电影镜头中的安迪——他给伊丽莎白看他自己布满伤疤的躯体；伊丽莎白对他说，"摸摸我后背"。于是他碰碰她"压裂了的脊柱"。他说，"现在我得让你看看我的伤疤"。他松开领带，解开衬衫。他像往常一样，穿着医疗腰带——自从遭枪击，这腰带就一直伴随着他。"可

怜的宝贝，"伊丽莎白·泰勒温柔地说，"可怜的人"。科拉切洛从没说安迪害羞或拘谨，憎恶自己的行为。在一张现实主义的照片中，他会像莎乐美或莎拉·贝恩哈特（Sarah Bernhardt）[①]那样，勇敢地展示自己。丽兹，疤痕女王，是他这次最外向的表演的理想观众。

---

① 19 世纪和 20 世纪初著名女演员，善于表演情感，曾多次担任拉辛和雨果剧中的主角，是浪漫式戏剧表演风格的代表。

7. 濒危物种

1980年12月初,安迪在日记中说他的家庭生活"恐怖":"与杰德(Jed)的关系一日比一日糟。"男友关系千疮百孔,事业也渐入疲沓衰退:两方面都陷入危机。杰德已与安迪分开,睡在公寓的另一层。杰德最终于1980年12月21日搬了出去;安迪在日记里写道:"我不想说这事。"第二天,安迪给派拉蒙影业的经理约翰·古尔德(John Gould)送去玫瑰,希望开启新一段浪漫爱情;他们的相识是由克里斯·马科斯介绍的。

那一年,杰德拿一幅水彩画复制品当圣诞卡片寄给安迪,上面写着"一个过时的圣诞问候":杰德所选的图案和所写的题识,都在委婉地指责安迪,这个54号俱乐部的荡妇从家庭"堡垒"脱岗。婚姻生活的彻底崩塌,摧毁了安迪对消沉心情的抵抗力,就像侵入他体内的病毒一样:他屈服了,再没有重获明亮的心境。

约翰·古尔德是一位身材结实的年轻小伙，他对安迪并不好。约翰是典型的征婚广告上所说的"异性恋者"——安迪不在场的时候，约翰就是同性恋者：他以自己是异性恋者为借口，拒绝安迪的挑逗。安迪在日记里说："约翰努力摆出一副异性恋者的形象，这真让人困惑，他告诉我他不是同志，他不能……但是，我是说……"约翰这种异性恋的矫饰吸引着安迪，他说："我喜欢和约翰一起出去，因为那就像一场真正的约会——他高大强壮，我感觉他能照顾我。而且，他表现得很正常，我相信别人也觉得如此，这真让人兴奋。"十分巧合的是，约翰像杰德一样，也有一个同胞兄弟，叫热（Jay）。或许由于在"纸袋先生"的系统里，约翰是以"真正的男人"的面貌出现的，所以安迪才会忍受这位新情郎的铁石心肠，并装作一副很享受的样子。安迪在日记里说："约翰不记得我生日，这真酷。"还于1983年——约翰搬进安迪公寓的那一年——吐露说，他觉得约翰是想杀掉他："我们乘坐雪地摩托，他把我推落悬崖。我想他是故意的。"

20世纪80年代，日常购物刺激并支撑着安迪。他害怕他的想象力已经枯竭了；只有疯狂地购物他才得以发掘新想法、新类别。在这方面主动陪伴他的是音乐家，曾

经的商人斯图尔特·皮瓦尔（Stuart Pivar），他向我形容安迪那时是"作死般的抑郁"。他的苦衷之一，是没能找到一个爱人。皮瓦尔说，安迪"在杰德之后就没有性生活"。从他的日记中也常常能听到绝望的音符：1981年，安迪坦言，"一个人回到家觉得好沮丧，因为没有人爱我。今天还是复活节，我难过得哭了"。另一个不快是公寓的混乱不整。自从杰德搬出去之后，公寓就变得像不宜住人的仓库，原本精心装潢的房间，如今塞满了从古董店扫回的"战利品"。安迪再也不能邀请别人来做客；他的囤积行为已经令那些情色癖好——瓦尔特·惠特曼（Walt Whitman）所谓的"黏着剂"——相形见绌。此时，安迪已厌倦仅仅黏附于物品，他在日记里坦白，"我如此厌恶我的这种生活方式，厌恶所有这些垃圾，却又总是源源不断地把它们往家里拉。只想看见干净的白墙和空荡荡的地板，这就是我想要的一切。唯一美妙的事情——就是一无所有"。皮瓦尔坚信，弗雷德·休斯的讥讽，进一步刺激了安迪的忧郁情绪：他会嘲笑安迪的失态。在与皮瓦尔的一次电话交谈中，安迪歇斯底里地表达了他对休斯的傲慢的愤怒。这位被任命的"老板"本该替安迪解决难题，但相反他不断与安迪发生口角，一点一点地瓦

解了他们之间的亲密关系，如同用牙咬断了"脐带"。此外，安迪的沮丧也源于美国主流艺术界对其20世纪60年代之后作品的排斥态度。艺术代理商罗纳德·费尔德曼曾与安迪合作过数个重要的丝网画系列，据他说，当他们20世纪80年代开始合作时，安迪已被看作是个"过气"的人物了。安迪总是当面接受拒绝。安迪有个习惯，购物时他总会随身带些《访谈》杂志，免费分发给路人。日记中说："当我在街上向人们免费分发《访谈》而遭拒时，这真是给了我当头一棒。"他在内心深处感受到了失败，而且他无法掩藏这沮丧的内心，因为自波普时代起，他一直在把他的内在向外展示：到如今，脆弱、易受伤害，已成了他的公众形象。安迪意识到，"我会有一段艰难时期。挺住！"然后，在1985年6月的一场名为"在位女王"（*Reigning Queens*）木刻展览之后，安迪推测自己已经跌到了人生的最低点："我已经跌到谷底。这场展览，我已沉到沟底。既然已触底是否会反弹、重新来过呢？"也许触底后他反而觉得舒服了：由于害怕运动（提升也是运动的一种方式），他在想象自己事业的刹停时，发现了后退的欢愉。

最让他焦虑的，是糟糕的健康状况。他需要做胆囊

手术，但是因为害怕住院而拖了好几年。他20世纪80年代主要的艺术创作助手之一，本杰明·刘［其变装形象为"明·沃泽"（Ming Vauze），是设计师侯斯顿、维克多·雨果的门徒］告诉我：不难理解，与安迪一起溜达时，他们一定会绕开卡布里尼医院，而当他们路过布卢明代尔商场时，安迪说她母亲在里面购物。仪式感给安迪的嘉禾舞以希腊式的优雅，不幸的是，这优雅却是病态的。因为怕病菌，安迪避免接触把手和门的拉手，也不喜欢别人拆他从布朗尼健康食品店买回的午餐包；因为怕火，他把烟灰缸挪到房间的中央。他在奇幻之思中神行，近乎迷信地想象是生活中的那些小过失毁了他的健康：他在日记中说，"我确信，前些天生病，是因为冲一位妇女吼叫而受的惩罚"。他寻求我们小心翼翼地称为"另类"的疗法，找了个推拿师——推拿师给了他一些水晶石，让他放在煮麦片的水里。多一点警惕从不可笑：第二位推拿师为了推销黑魔法，拿他口袋里的电话号码做了个试验。他还欣慰地发现，水晶石和基督徒并不冲突。

20世纪80年代，艾滋病的传播，使得健康问题对所有同性恋来说都变得复杂了。尽管安迪不是那种在审美层面或政治层面上对这种流行疾病做出反应的艺术

家，但这种病毒却给他的创作和行为染上了一层色彩。他知道自己面临威胁，同性恋文化的复兴也一样面临威胁——尽管他一直与同性恋文化的复兴保持着一种令人啼笑皆非的距离（他在1986年的日记里说："对我来说，这太'同志'了，我快被逼疯了。"）他的反应并非出于他人或公众的利益，而是出于恐惧：艾滋病成为他的又一个创伤——濒临死亡的体验——那是他的影子新娘。他第一次在日记中提及艾滋病（"同志之癌"）是1982年5月11日，里面记载着他的担忧，"我可能因与他们（艾滋病患者）用同一个杯子或只是因为与去浴场的那些小伙子们待在一起而被感染"。对艾滋病毒传播途径的种种误解相当普遍，并不只有安迪如此。1983年他又提到：在一间超市里，"给我拿三明治的是一个男同性恋，于是我决定不吃了"。到了1984年，他表示自己不愿意在教堂做完弥撒后与人握手。1987年在一个艺术展开幕式上，安迪不肯与罗伯特·马普尔索普（Robert Mapplethorpe）坐在一起，因为这位摄影师有艾滋病。安迪的朋友佐利（Zoli）——他经营一家模特公司，安迪曾作为模特为这公司演出——1982年11月死于"同志之癌"。1984年2月，约翰·古尔德因肺炎住院；从那时开始，安迪就让管

家把他的衣服和碗碟与约翰的分开洗。古尔德于1986年9月18日去世,死时仅33岁:他否认自己的病是艾滋病。在罗克·哈德森(Rock Hudson)[1]以自己的死为艾滋病正名之后,人们举办了他的遗物拍卖会。安迪去看了拍卖预展,评论道:"总的来说就是太女子气了,这不是件好事情。你会觉得一个壮硕的硬汉形象明星本该有50年代流行的好物件,比如粗壮的诺尔(Knoll)[2]家具,但你看看这些从他纽约公寓拿来的小巧而女气的废物。"女子气是与粗野对立的:就这样,安迪划出了男子气概的南北两极。在他艺术生涯最后的十年里,安迪像罗克·哈德森一样,穿梭于这相反的两极之间。

安迪20世纪80年代的绘画和丝网画,还没有得到

---

[1] 美国著名演员,以粗犷硬朗的银幕形象为观众所熟知,被称为最有男子气概的演员,但在现实生活中具有同性恋倾向,1985年10月死于艾滋病并发症。哈德森在去世前两个多月公开了自己感染艾滋病的事实,成为第一个公开承认罹患艾滋病的名人。这对当时的人产生了巨大冲击,同时也引起了社会对艾滋病的重视,并直接促进了艾滋病研究基金的建立。正如威廉·M.浩夫曼所说:"如果罗克·哈德森会感染这种病,就说明好人也会感染这种病。这只是一种疾病,而不是一种道德缺陷。"
[2] 美国家具品牌,创始人为德国人汉斯·诺尔,秉持包豪斯的现代设计理念,倡导"好的设计就是好的生意"(Good design is good business)。

任何评论界今天给予其20世纪60年代作品那样类似的关注或认可（即便当时对波普艺术的反应也常常是负面的）。这种"压制"安迪的趋势是在所难免的：他的作品总是佯装成过度简单和无足轻重的样子，还有他直接表达对金钱和吹嘘的热爱，也易受人诟病。然而，他20世纪80年代所创作的艺术品的可观数量，及其图像层面的创造性（不妨对引起他极大兴趣的每一种图像，或与他一贯的关切只有哪怕一点点联系的每一种图像做一番巡礼），终将会让艺术批评家们折服，并开始赞扬这些艺术品的意蕴、美、政治手腕以及艺术史层面的成熟老到。为了理解安迪在80年代创作的种类如此繁杂的作品，我必须求助于让人挠头的列表制作，因为他晚期的艺术也力图列出、编纂一个有拍卖价值的藏品的详尽名册——评论家们，比如苏富比的专家，必须在安迪过世后对这些藏品进行分类。安迪最后的作品构筑了一道对抗疾病和死亡的护身符，他全力冲刺，要在自己的生命结束之前，总结所有的种类与样式。

此时，群体行为是其作品的核心主题。虽然他的定制肖像作品表现的是单独个体［偶尔有成对的，如基斯·哈林（Keith Haring）和胡安·杜博斯（Juan

DuBose）］，但安迪更喜欢把对象集中在一起组成联谊会。比如，1982年，他以宝丽来照片为基础，创作了一批以成组的蛋为主题的绘画——小巧可爱的画布涂成彩色，就像为复活节准备的一样。这些蛋聚在一起——有些彼此紧挨着，另一些则如"壁花"①或"选择性沉默"般孤立一处。聚集而又分散，平衡着向心与离心，这些组织起来的蛋（就像虚伪的小团体）反映了他自己身上不合群却又友善的矛盾。这种聚合多种形象的企图——仿佛晚宴宾客或疯狂的房客聚在一家SRO酒店的大堂——在他1979年的回顾展中达到极致，安迪再次使用了他的标志性图像（玛丽莲，金宝汤罐头，毛泽东，电椅），将它们组合在单幅画里，仿佛他在邀请自己的图像参加一场"交际舞会"，给它们提供一次交汇的机会，混合成一个多叉的统一体。同时，1979年的"反转"系列迈出了更危险、更远的一步，即将这些标志性的图像反转为照片底片；白色的玛丽莲呈现为一张黑人的脸。通过重新使用自己所创造的那些形象，安迪履行其保护性的母性看护人职责，相信它们——就像"工厂"里的"孩子"——需要新的盒

---

① 指社交中因害羞不愿说话、沉默的人或没有舞伴受到冷落的人。

子、新的工作、新的情人。

就好像他又在修"性课程",他在晚期艺术中竭力想弄明白如何将孤独的个体聚拢在一处。在他1981年的十字架绘画中——十几个十字架排成一列——看似一个个的连续之物(相同的图像,重复着),但是实际上这些画描绘了多重身体的互动,交往的意图。有些十字架一个挨着一个,每一个都斜倚着下一个:它们似乎手拉着手,或臂挽着臂。这就是安迪所定义的人际关系:一个个个体,冷冷地相互问候;一个个联盟,被敌意困扰。为了将一个个个体联合起来,把他们缝进一个礼仪或规矩的幻象,安迪将数组相同的照片(通常是四组)缝缀在一处,并于1987年1月在罗伯特·米勒美术馆展示。("缝"的想法来自克里斯·马科斯)这些由线串联在一起的图像模拟安迪皮肤上的疤块——在他遭枪击后通过手术缝合起来;同时,这些由线串联在一起的图像也展现了与其他部位相融合的相似性,聚合成一个复杂的身体。当安迪聚集各种形式时,无论它们同一与否,他都让每一个图像给其相邻的图像某种"感觉";每一个小个体探索着它的相似物。甚至他60年代的"花朵"系列丝网画,也把四朵花(有时叫"紫罗兰")组织进一幅画框,其中两朵偷

偷地——笨拙地——触碰彼此的花瓣,暗通款曲。

安迪惧怕群体死亡:确实,这位在一般人看来缺乏社会良知的艺术家,用其生命的最后几年狂热地列举各种濒临消失的事物。对已故偶像的怀念加速了这项事业,但推波助澜的还有其划定在场与抹去之间(就像火星在眼前一闪的瞬间,但又未完全消失)界限的色情冲动,以及意识到一切他之所爱都面临着永远消失的危险。杰德、茱莉亚、伊迪、"糖果"——走了。约翰·古尔德也走了,而且随着20世纪80年代的脚步,那个"同志"群体也消失了。于是,安迪适时地以对另一个受威胁的少数群体——犹太人的赞扬,开始了这后十年:他的丝网画"犹太天才"——这是他自己的命名——包括斯坦因、爱因斯坦和弗洛伊德。所有安迪所敬重,或视为高于他自己那种卑下处境的优势存在,都荒谬地属于受威胁的群属,而安迪则预言般地为其消亡唱起挽歌。此外,他还担心海岸的侵蚀,因为,尽管从不喜欢阳光,他还是在蒙托克——长岛南叉的东端——有一处房子;也担心明星会变得暗淡无光。他的一系列神秘丝网画,包括以自己为"阴影",以嘉宝为"明星",都清楚地表明基于身份建立起来的框架——他赖以生存的明星网——正一点点

被侵蚀，而他无所顾忌地制造名气的工作室，也已经在加速贬值。

安迪对动物以及昆虫的关注，似乎不比对人的关注少。对他来说，杀死一只蟑螂也是"非常严酷的创伤"。他充满感情的动物描绘可追溯到 1950 年至 1951 年间他设计的中国骏马图圣诞卡，1955 年时装表演的狮子和长颈鹿背景图案，还有 1954 年的"昆虫日快乐"丝网画。之后，安迪又同情起自然历史博物馆爬行动物馆中的那些"死动物"[①]，1983 年他在爬行动物馆举办了名为"濒危物种"（*Endangered Species*）的丝网画展。他所描绘的濒危物种之中，有非洲象、秃鹫、大角羊和旧金山的银斑蝴蝶。（山羊象征粗蛮；蝴蝶，特别是来自旧金山的银斑蝴蝶，则象征柔弱。）几乎没有评论者关注过他的"濒危物种"系列——他们认为这是安迪最平庸的作品——然而恰恰相反，这一系列严肃地刻画了安迪在身体和情感上的危险处境，以及性小众群体在面对传染病时的恐慌。安迪所有的作品，即使在艾滋病扩散之前，都可以归纳在标红的"濒危物种"题眼之下：他的切尔西女郎或"最

---

① 指动物标本。

漂亮的十三个男孩"（一组银幕试镜），或他揭示男性品质的"躯干"系列，或他的注定要被消费的浓汤罐头（感染了肉毒杆菌？），或是他1963的画作《金枪鱼灾难》（源自报纸上的一篇文章，说腐坏的罐头毒死了两名底特律主妇），无一不是描绘处于消亡威胁之下的实际存在物。他所列出的正在消失的种族，有1986年名为《牛仔与印第安人》的丝网画系列中的拉美印第安人；此系列中，一个西北海岸印第安人的面具和一个大平原印第安人的盾牌图像，反映了安迪作为一个收藏家的兴趣，但也反映了他把艺术当作一种伪装的艺术观念——保护着他苍白的皮肤，缝合过的内脏，以及他那饱受美国崛起之苦的柔弱部落。

安迪自欺欺人，把自己当成基督：他也想在消失时留下一个不变的形象，把自己残败的身体变成一个象征。他在1985年至1986年间的"最后的晚餐"系列绘画中，以宏伟的形式呼应他的基督身份，这些作品是依托达·芬奇画作的廉价复制品而制作的。1987年1月，安迪极为大胆地在米兰展出了二十幅"最后的晚餐"——就在达·芬奇原作的街对面。安迪的"最后的晚餐"作品预示了他自己即将迎来的死亡，同时也是对"工厂"状态的偏执

描绘——在那里,安迪像基督一样被门徒和一位潜藏的背叛者(瓦莱丽·索拉纳斯,以及其他的非暴力背叛者)包围着。安迪大胆地制作了一个亮粉色的《最后的晚餐》:那是女子气的灵性。正如他声称水晶可以与基督教义兼容,他因此也就能够调和传统的基督形象与同性恋形象;在安迪的《最后的晚餐》中,与基督一同出现在这最后的逾越节宴席上的是一辆蓝色摩托车(让人想起影片《骑车的男孩》中的摩托车,这本身就是对肯尼斯·安格尔《上升的天蝎座》的致敬,而肯尼斯·安格尔的《上升的天蝎座》绝对是带有同性恋色彩的"摩托颂");装饰在画布底端中间位置的放大的"*The Big C*"三个单词,暗示着安迪终于从 *A* 和 *B*(占据他心灵的两个字母)阶段过渡到第三个阶段 *C*,或许这个 *C* 是版权标志(copyright)(安迪总是将标志色情化),或是指代基督(Christ),又可能仅仅指向突破 *A* 与 *B* 之间交锋的终点。在另一幅安迪的《最后的晚餐》绘画中,安迪将基督与一个健身爱好者并置,画面上还配有一行说明文字"Be a SOMEBODY with a BODY"①。耶稣也是超级明星——一个拥有值得展示

---

① 做一个有身材的人或以身材成为某人。

的身材的男子；耶稣代表着节制、衰退中的身体和可以永驻的具备男子气概的刚毅之躯之间那种理想的调和状态。

基督是柔弱还是粗野呢？在安迪眼中，两者都有：艺术，像神秘主义，总是明智地寻求"中间物（in-between）"。比如，他1986年的"迷彩"（*Camouflage*）系列，就挖掘出粗野之下的柔弱：正如迷彩可以让士兵像爬行动物一样融于丛林或沙土而幸存下来，这些迷彩绘画也把柔弱主题（士兵之性感）隐藏于粗犷风格（抽象）的外衣之下。至于纯粹粗野的一面，安迪在1981年创作了关于枪和刀的绘画和版画，作为镰刀和锤头形象的后续。他曾想将枪与刀和他的美元符号一同展示，以强化金钱、男子气概和武力之间的亲密联系，而美元——有损它们的形象——则分开展示。至于柔弱的一面，安迪创作了鞋子主题的绘画和版画作品，鞋子表面覆盖了一层名为"钻石沙"的物质。鞋子把他带回到了他艺术生涯的起点——他曾在50年代为米勒（I.Miller）品牌设计广告和画鞋样——但是又在致敬柔弱品位之上加了一层凶残的抛光：因为钻石沙是一种致命武器这一事实似乎让安迪很开心。他在日记中说："钻石沙是可以杀人的。这真是谋害人的好办法。"（精液也如此——安迪可能注意到了这一

点。）安迪让这些鞋子随意地散落在画布上，就像掷出的骰子或大屠杀后的遍野尸首。

最能反映安迪后期作品的审美价值和道德价值的，是其致力的一种冷峻严格的自我检讨过程。有时候，那自画像是直接的：著名的安迪的脸的形象。其中几件最令人难忘的，于1986年在伦敦展出：艺术家戴着一顶难看的假发，一缕缕头发直直地朝上竖起，仿佛他的头是悬挂在空中，像一座枝状吊灯，或像古斯塔夫·莫罗的画作《圣约翰显灵》（*The Apparition*）中的施洗约翰。安迪的脸上罩着一层有迷彩图案的纱罩；此前他曾在为艺术家约瑟夫·博伊斯（Joseph Beuys）制作的肖像画中做过这样的处理，因为迷彩（伪装）——是荣耀而非耻辱——意味这是一张值得保护的面孔。

其他安迪后期的形象则借助掩饰物和替代物承担起自我描写的功能。1985年关于维苏威火山喷发的一系列版画和绘画看起来像是旅行照，但它实际上描绘了属于安迪的审美之"流"，或他在其他人身上加以理想化呈现的原子爆炸类型（比如，昂迪恩的"语流"），一场令远处的观者兴奋但威胁着当地居民的灾难性喷发。维苏威火山形象显示了安迪对灾难的崇拜，他惊叹漫画风格的

线描所具有的捕捉画外之旨的能力。汨汨的岩浆好似60年代漫画里"超人"吹出的那股"气":维苏威火山是波普艺术中的超级英雄。还有腓特烈大帝、贝多芬、列宁和歌德(安迪从不吝惜赞扬名人),也属于超级英雄:安迪在80年代制作了他们的图像,类似的还有那些在位女王的版画(包括荷兰的比阿特里克斯女王、斯威士兰国的图瓦拉女王和伊丽莎白二世女王)——这是有意识地冒险进入做作的自我描写。在安迪眼里,在位女王的展览代表他的"谷底":像个女王一样统治的幻想背后,是陡然崩倒、走向断头台的严峻事实。安迪清楚,他的王国并不稳固,而他的独裁统治需要反复宣传:他在1985年创作了一系列版画广告作品,包括以派拉蒙影业商标影射约翰·古尔德,以黑皮衣暗指朱迪·嘉兰(Judy Garland)——1969年安迪曾在弗兰克·坎贝尔教堂排队(与昂迪恩和糖果宝贝一起)瞻仰她那引发石墙骚乱的尸体。(等待期间,他们已经开始借助于磁带录音机创作一部小说《b》,作为《a》的续写,但没有完成。)

另外一些自画像与肠胃有关,因为安迪隐隐约约知道他的内脏器官已经有了问题。有数幅画表现了肠——自从他的父亲胃中毒,母亲经历结肠造瘘,这一解剖位

置便搅动了"纸袋先生"的想象。1985年,他创作的一幅《生理图》(*Physilogical Diagram*),展示了一个人体的内部构造,包括画在身体外面的肠胃系统,像茱莉亚的那样。而当他制作罗夏画[①]时,那些墨点模拟其身体结构的X光影像:有头骨、胸腔、双肺、脊柱。也许他设计对称的墨团仅是作为一个幌子,像是邀请观者做精神病方面的测试,从而获得观者的共鸣;但实际上,它们描绘了安迪自身千疮百孔的内脏——如他母亲所遭受的那样——因此它们就像"两面神"奏响的挽歌,一面回顾茱莉亚之死,一面预期他自己的离世。确实,安迪的全部作品——甚至后期作品,除了自画像,这些后期作品不带任何个人的感情色彩——也许可以解读成其凄惨的内部线路的一种外化,明确地将身体空洞化、疏离。

安迪明白,所有人类心灵的运作方式都是通过剪切、修剪、复制、缝接和移植这类手术般的手法,将世上粗糙的迹象转变为可理解的形状;因此,他后期的作品与早期的一样,探索着把整体拆解为一个个碎片——鸡蛋、嘴唇、

[①] 由瑞士精神科医生、精神病学家罗夏(Hermann Rorschach)创立,非常著名的投射法人格测验。

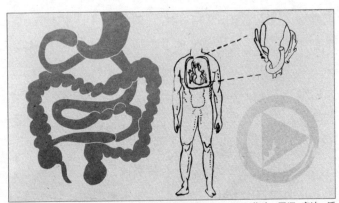

图10：《生理图》，1985年。丙烯颜料帆布画，116×212英寸。图源：安迪·沃霍尔视觉艺术基金会，纽约；安迪·沃霍尔博物馆，宾夕法尼亚州匹兹堡；创立收藏、捐赠暨安迪·沃霍尔视觉艺术基金会有限公司，2001年。

安迪的所有作品都可以被解读为他那凄楚的、摇摇欲坠的、虚无空洞的内心世界的具象化。

7. 濒危物种

肠胃、头骨。20世纪80年代,他创作了名为《菲利普的头骨》的系列绘画——菲利普·S.尼亚尔霍斯(Phlip S. Niarchos)的形象——菲利普曾定制一幅肖像,要求以他头骨的X光扫描图,而不是脸部的宝丽来照片,作为艺术创作的基础。另一些安迪截取早期画家(保罗·乌切洛、爱德华·蒙克、乔治·德·基里科)的作品的局部而创作的作品,具有类似的"断头"特征[1]。虽然这些断片式的挪用也可能呈现人类的面部(比如取自波提切利的维纳斯)[2],但其效果却如食尸鬼般的狰狞。他不是要给过去的大师加上一些安迪色彩,复兴他们,而是要杀死他们,给他们的图腾抹上防腐剂。而当他利用广告和商品创作绘画作品时,其效果反而人性化了:比如,他描绘可乐瓶,就好像那是一个活生生的偶像,或是他自己的变异兄弟。在一幅制作于20世纪80年代的"溢出的可乐"版画中,安迪似在讲述可乐之死——它的必朽宿命,作为液体,终将渗漏;作为瓶子,终将破裂;而作为商品,终将失败。

可乐并不是一个人,但安迪的看法恰恰相反。他的

---

[1] 指仅取其头部,似乎是砍下的脑袋。
[2] 指波提切利的《维纳斯的诞生》。

艺术是无生命之物的权利清单,给予它们投票权,从而保证他自己机器人般的自我有追求幸福的自由。在20世纪80年代,安迪曾想利用科技制造一个安迪·沃霍尔机器人,能够代替他做讲座和接受采访,不仅如此,他后期的许多绘画和版画中,似乎都将真实的人扫到一旁,为虚空、虚弱、倦怠腾出空间。他最为无视人类,或是说最冷酷无情的作品,当数描绘德国纪念碑的《时代精神》(*Zeitgeist*,1982)绘画系列——这可能是他自1964年为世博会创作那命途多舛的壁画以来,第一次涉足公共建筑。这个序列凝视无人存在的空间,还有一丝非安迪典型风格的黯然,暗示那些毁灭于极权主义的身体,两度被抹去——第一次是从地球上被抹去,第二次则是从艺术呈现的救援中被抹去。另一个有关德国的项目,是他1986年为奔驰汽车和发动机创作的一系列定制画——同样没有人,没有触觉,甚至没有他在濒危物种犀牛身上刻意营造出的那种温情。与影片《乙烯基》里性感的"杰瑞派"所遭受的痛苦相比,如今的情形已截然不同:在那里性虐狂至少还以鞭子和蜡液模拟了人的触碰,而奔驰发动机的突突作响则最大限度地远离了生命组织。(即便是布里洛盒子,也还暗示着食品的存在,因

为布里洛抹布是用来擦除黏糊糊的食物痕迹的。）此外，安迪1983年为其代理商布鲁诺·比朔夫贝格尔（Bruno Bischofberger）（安迪是其儿子马格努斯的教父）所做的袖珍画中的玩具，即使不是不能活动的装置，也是无生命的——一个机器人，一个上发条的熊猫鼓手，一个上发条的三轮摩托，还有各式各样人工的或机械的动物（青蛙、鹦鹉、小猎狗、猴子、老鼠）。他将这些画挂在适合孩子视觉高度的墙上，墙上贴着鱼图案壁纸，一方面呼应之前的奶牛壁纸，同时也暗示耶稣会士阴险的翻云覆雨，以及恋物癖者和渔夫[①]所拥有的快乐。我们会认为那壁纸上的鱼，和所有的玩具一样，都是死的。如果是活的，它们就有资格做宠物。

20世纪80年代，安迪的"宠物"是那些年轻的艺术家（是安迪推动了他们的事业）——即便他以"德瑞拉"（Drella）[②]的方式从他们身上汲取养分。这些友谊——也是支持——包括弗朗切斯科·克莱门特（Francesco Clemente）、凯斯·哈林（Keith Haring）和让-米歇尔·巴

[①] 传说中撒旦是一个掳取人灵魂的魔鬼，所以说他是"挂了诱惑的饵，勾钓人们贪婪灵魂的渔夫"。
[②] 安迪的绰号，指他像吸血鬼一样榨取身边的人。详见第二部分。

奎斯特(Jean-Michel Basquiat)。对巴奎斯特,安迪有一种近乎爱的感觉;他们共同创作了象征种族间对抗的《十个拳击吊袋》(Ten Punching Bags)。拳击吸引着巴奎斯特,而装盒(在布里洛盒子、时间胶囊的意义上)也是安迪艺术手法的核心。袋子上的标识,"GENESPORT",描绘了一个白人和一个黑人在打拳击;"GENE"一词是黑色字母组成,而"SPORT"一词是白色字母。(袋子本身是白色的,上面画的颜料是黑色的。)安迪和巴奎斯特可能想嘲弄一下他们的"基因"(genes)——这个词本身已是诸种族范畴的奠基石;安迪生命的"袋子",无论是瘪袋还是他的绰号"安迪纸袋",其目的都是取代身体,用裹或围来隐藏身体,同时也带有某种羞涩的表现癖,展现(或粗鄙地炫耀)他如何编造围栏。拳击吊袋同时象征了安迪自己的倾向,即以为他和他的艺术都受人"打压"——被反对,被当成靶子,被激烈抨击。基督的脸也印在吊袋上面:基督本身就是受到当权者迫害打压的"明星",但是他就像这吊袋一样,有重新站起的胆量和弹力。拳击吊袋之美在于它感受不到被殴打的疼痛,在于它能复原。巴奎斯特没能复原——他死于药物过量,尽管安迪曾努力帮他戒掉药瘾。同样,安迪自己也不会复原,尽管他

数度东山再起,尽管他有猫一般"九命"重生的窍门。

安迪已经开始重塑他那令人沮丧的身体;在其生命的最后几年,也是他对愈发糟糕的身体采取一系列艺术探索的时候。他和健身教练合作;就像他所画举重运动员宣扬的那样,安迪试图做一个有身材的人。他此前从未有过好身材,即便有锻炼,皮瓦尔说,他仍是一副"糟糕的体形"。克里斯·马科斯拍了一张安迪接受按摩的照片:让我们吃惊的是,安迪躺在那儿,他身上松弛、苍白的肉静静地期待着来自人类手指的关怀。

最终他找到了自信,把自己的身材推向前台——这是一场无益之举(没人需要他的躯体,它没有用武之地),同时也是一场姗姗来迟的欣喜。1985年,在"地缘"(Area)夜总会里,安迪创作了《不可见的雕塑》(*Invisible Sculpture*)[①]——他站在一个基座上,边上标着"安迪·沃霍尔(ANDY WARHOL)";然后在1981年,他更为搞怪地变装摆拍,戴上各种新奇的假发,配上极不自然的妆容,用宝丽来相机为自己留影;克里斯·马科

[①] 安迪每晚在一个基座上(或边上)一动不动站立一小时,然后离开,此举持续了一个月。

斯也拍了他的变装照，称之为《改变了的形象》(*Altered Images*)。这些异装自拍照演绎了各种色情类型，尽管没有一张照片有名字；每一个假冒的、匿名的外表形像都暗示一种职业（教师、明星、外科医生、女仆等），而安迪的面容——在女性特点的伪装之下——则成了性别玩笑的"导览手册"。安迪似乎从未如此丰富，如此变化多端地呈现自我：异装造型让他与拉娜、茱莉亚、朱迪和"糖果"这些女性如此亲近，似乎只差一点就能映照出她们一样。安迪也隐隐担心这些变装照片会损害他的名声，但是多年来他就在使用胶原蛋白和有紧致功效的护肤品，以改变肤色；他对皮肤的保养很严格、细致，有许多护肤品，如今这些护肤品收藏（他当然储存面部修复霜）在沃霍尔档案馆的纸盒里，被当成了另一种艺术品。安迪希望看起来不像他自己，而像朋克摇滚乐团"金发女郎"（punk-pop-group Blondie）[①]的女主唱黛比·哈丽（Debbie Harry）——她颧骨高耸而精致，有着一张摇滚乐坛史上最漂亮的、五官比例和谐的脸。

[①] 成立于1974年，以复古、仿效60年代女子乐团为出发点，成为纽约朋克最早的发起者之一，后来引爆了美国新浪潮朋克最灿烂的一页。乐团最初名字为"天使与蛇"（angle and snake）。

哈里是安迪电视秀的常客,他在文森特·弗里蒙特和唐·芒罗(Don Munroe)的协助下,为安迪策划了好几场电视秀。"TV",是"异装癖者"(transvestite)的缩写,而异装癖总是与安迪对电视的喜爱萦绕在一起——电视这一媒介,可以让人在私密的家里穿越旅行。《时尚》(*Fashion*)[①]节目中最精彩的部分是黛安娜·弗里兰和亨利·戈尔德扎勒之间的对话,在对话中弗里兰对表现出对大都会博物馆前玩滑板的男孩渐增的兴趣,而博物馆下属的服装研究所(Costume Institute)则感受到她的强势与卓越。安迪还制作了有线电视秀《安迪·沃霍尔的变装》(*Andy Warhol's T.V.*),以及为音乐电视台(MTV)[②]拍的《安迪·沃霍尔的十五分钟》(*Andy Warhol's Fiftteen Minutes*)。他在日记中说,"好的电视节目意义重大";好电视就有好的接受度,而开放的接受是其电视乐趣的重要组成。通过制作电视节目,安迪可以积极地传播他的身体,一个短暂的基于电磁波的雕像——他正在为它付

[①] 一档十集电视节目,主题包括男模侯斯顿,设计师贝特西·约翰逊和化妆问题等。
[②] 全球音乐电视台,美国维亚康姆旗下的一家电视传媒公司,创立于1981年。

出带有重塑与重新阐释意味的紧张劳动,尝试着想象它的美丽,尝试着大胆地将它的古怪气质揳入他被打压的生命旅程之中。

安迪履行了为佐利和后来的福特公司当模特的任务;在弗雷德里克·怀斯曼的纪录片《模特》中,安迪在纽约的酒店房间里面试裸体的男模们(他渴望加入他们的行列)。1982年,他在里奥·卡斯特里的撺掇下拥抱罗伯特·劳申伯格,很开心地发现这位他曾经的对手和榜样"身材并不怎么样"。尽管安迪在看影像片段时,觉得自己就像个怪物("我无法改变自己的样子,我太与众不同了"),他还是在《爱之船》(*The Love Boat*)、《周六夜现场》(*Saturday Night Live*)中出场了,像个怪物,像他自己;他还考虑在《艺术论坛》(*Artforum*)中用一个折叠式插页广告宣传自己的模特事业。弗雷德·休斯等人对安迪的模特野心嗤之以鼻,但是安迪自己对他的这个新期许——力图"获得个好身材"——感到理直气壮,并庄重其事:他在日记中说,他希望自己在年轻时就早早开始锻炼,这样他就能一生都拥有好身材了。安迪高兴地宣布:"我想我终于看起来又像人们所希望的那样了。"

1986年安迪参观了一家艺术学院的人体解剖课:他

在探索以雕塑取代彩绘肖像的可能。尽管在20世纪80年代他进行了身体的修复,但是肉体——像空荡荡的盒子和口袋那样活着的身体——仍然让他意志消沉。他还是钦慕别人的身体(1985年,他深情地为艺术商帕特·赫恩制作了裸体肖像,把她描绘得像一个年轻的凯瑟琳·赫本);但是他的《日记》——我在本段中对安迪内心世界的解读即是从他的《日记》演绎出来的——却声称他有一种怪异的感觉,即他感到他的皮囊中居住着另一个人,他的器官如今是一个崩溃的网络,在面对黑客和劫匪破坏和攻击时特别脆弱。如果说身体是抵御病态的、充满敌意的世界的盔甲,那么他的盔甲是有裂缝的。他甚至觉得呼吸都有了问题:安迪说他的肺"还因为遭枪击而感觉怪怪的"。某个有害之人走进了他的身体:"如果你有这个创伤,或你生病了之类的,就会发生这种事。你知道的,我还记得自己小时候病得很厉害,也不喜欢上学,几乎是被强拽到学校去的,然后有一天我突然变了——打那之后我喜欢上了学校和那里的一切,我因此想也许是某个人走进了我的身体……我不清楚这些'走进者'是谁。灵魂。我也不知道他们从哪里来。"由于被一个外来的灵魂侵入,安迪的身体发展成了一个断裂之物,不

属于他；而且这身体——曾是安德鲁·沃霍拉的所在——总是被入侵者的思想造访。1981年4月，他有一次梦到比利·内姆和其他一些人穿着"五颜六色的服装"闯入他的家并取代了他的生活。在"工厂"实行出入自由的政策后，他可能就担心造访者会永不离开。比利·内姆是安迪过去所爱之人的标准代表，但是当比利在1987年开始打电话给他，建议来一次"工厂"重聚时，安迪却表现出强烈的保留态度。"我不得不告诉比利，我无法面对过去。这时我已经进了家，没注意脚下，我就这么和他说着话，沾了一鞋的狗屎。"

然而，另一场侵犯可不是梦境，它造成的伤害程度可与杰德的离开和约翰·古尔德之死相匹敌：事情发生在1985年10月30日，当安迪在索霍区（SoHo）的里佐利书店（Rizzoli Store）为其《美国》（America）签名售书时，一位陌生女人扯下了他的假发。安迪没有停止签名活动；他装作毫不介意的样子，拉过夹克上的帽子套在头上。但是这种冒犯着实伤了他。他说："太受伤了，身体上。没有人提醒我，太伤人了。"他原本希望他的水晶石能阻止袭击；几天之后，他的治疗师告诉他，水晶石"受到了侵犯"，安迪说，"我觉得侵犯者就是那个女孩"。这

个女孩似乎就是第二个瓦莱丽·索拉纳斯:"这感觉就像又挨了一枪,虽然不是真的。我在那里就像个小丑,在取悦观众。"那天晚上回到家,安迪用坎贝尔浓汤罐头平复自己的心情;他最久的老朋友,汤罐头,给他安慰。安迪的假发是他的名片,也是他抵御羞辱的护甲;当这个"女孩"扯下他的假发,他的人格就失去了支撑。此后,她竟然还给工作室打电话找安迪——就像瓦莱丽在袭击后仍继续纠缠他一样。

里佐利书店灾难几天之后,安迪又担心起艾滋病会导致当局把同性恋关进集中营:"所有'男同性恋'都将不得不结婚,以免被送往集中营。就像是为了获得一张绿卡。"生病的"男同性恋"将被送往集中营,这前景让安迪想起他无奈地把衰老的母亲——在其生命的最后岁月——送回匹兹堡的情形:假发创伤四天后,安迪在日记中写道:"妈妈来纽约的时候,正是我现在的年纪。那时候我就觉得她已经很老了。没想到她活到八十岁才去世。而且她精力充沛。"转过年来的复活节,当安迪去"天堂安息"(Heavenly Rest)教堂给无家可归者分发食物时,他注意到许多妇女像他母亲。

安迪作为擅于复制的艺术家而博得声名,这就无怪

复制——反复出现、流连——为他提供了描述各种内在恐惧的分类账。一次又一次重复的，是被"打压"、被侵犯和被羞辱的事实。他喜欢商品或面孔一次次重复，但是不愿羞愧再次发生。1986年5月，安迪在日记中说，"我希望我能回到二十岁，可以重新过一遍，但是绝不要再遇见生命中出现过的什么人或什么事了"。他希望避免无法说出口的伤痛重新上演——枪伤，豁口，肿胀；他成名前被束缚、挤压的身体上留下的"萎缩纹"。这些重复的时刻，安迪形容为"走进"（walk-ins）：替代，即当另一个灵魂，一个不知来自何处的分身，进入他的身体，取代了他自己的人格——他自己的人格消失在这抚慰、防护的瞬间。安迪所有的双联画、素描和双屏电影图像，都在尝试再现他被闯入而让渡给异乡客、朋友或陌生人的经验——向伊迪，茱莉亚，维瓦，妮可，追星者，或任何他钦慕的有魅力的男子投降。安迪总是有双重身份，因为他自身就是两个人：走进来的入侵者，和走出去的流亡者。他之所以要让自己白天和晚上都充满个性，之所以让家里混杂着各种收藏，之所以殚精竭虑让这世上满是他创造出的绘画、版画、照片、磁带和电影、音像及杂志，就是为了给"进入"打开门，为了告诉潜在的侵

入者：他的身体是一个沙龙，一个公共终端，一台机器，而不是一个有着寻常局限和盲区的人。进入自动化，或成为机器人，安迪就可以在创伤中接纳"进入"，就可以致其虚，以便他人——那些伺机而动的侵占者——有机会接管他的房间。成为一台机器，既相当于为安迪注射了对抗创伤性空虚的疫苗，又相当于为他注射了麻药，让空虚重新发生作用。与这些冷冰冰的插曲相反的，是他最爱的药物，过度刺激——那是针对空虚、意志力崩塌的解药，就像杰德走出塞满东西的"玩具屋"。

这儿有几起20世纪70年代和20世纪80年代重演"打压"、"走进"、灵魂出窍、双身经验的事件：送她母亲回匹兹堡；她的离世；杰德的拒绝；约翰的拒绝和他的死亡；艾滋病的传播及其所带来的身体上的恐惧；对瓦莱丽的记忆，以及她留下的伤痛。任何羞辱或冒犯（特别是假发事件）都会让安迪回想起瓦莱丽的攻击；甚至在遭遇枪击后不久，茱莉亚的离开和去世，也让他重拾枪击事件的阴影。在20世纪80年代，许多男同性恋者有足够的理由惧怕病毒扩散；安迪当然害怕病毒，但同时他还害怕来自"女孩"的侵犯和伤害——无论事实上的抑或想象中的——首先是小时候第一天上学时嘲讽他的那个女孩，

然后出现了瓦莱丽,再之后又有扯他假发的女子。一定还曾有其他人"进入"。我怀疑,他的母亲是否是那些"进入"的"女孩"中的一个,那关于比利·内姆的梦——搬进安迪家里,住在楼梯下面,穿着彩色服装——是否反映了他长期与茱莉亚生活在一起的事实;尽管20世纪50年代茱莉亚的稳定陪伴支持——怂恿——了安迪离经叛道的冲动,但她毕竟侵入了他在纽约的女性化生活圈。

也许在安迪的最后岁月谈起他的母亲有些奇怪,但是在这个真实的故事里,安迪此时快要离世了,而那个与死亡、医院、衰老的身体联系在一起的世界,对他来说,是故国,茱莉亚的家乡——在安迪前去与她"会合"之前,她去那儿已经十六年了。我们伤心于安迪的离世,但也是时候让他离开了。他的灵魂迅速脱离了凡胎肉身,没做任何准备(除非我们认为他的《最后的晚餐》绘画是他选择的告别仪式)。

自1973年,安迪就该做胆囊手术了,但是因为害怕住院,他一直回避手术。他不仅把医院与自己1968年与死亡擦肩而过的那次灾难联系起来,还把医院与"出生之灾"联系起来。他在《安迪·沃霍尔的哲学》一书中写道:"出生如同绑架。然后就被卖身为奴。"在他1963

年创作的丝网画《医院》中，一个医生倒提着一个刚出生的婴儿，但是主导画面的却是一个修女护士——她脸上做过手术，脖子上戴着令人敬畏的十字架；对安迪来说，带宗教身份的护士象征着恐惧，她还会在人生终结的那一刻再次出现。

最后，他的医生登顿·考克斯（Denton Cox）和他咨询的其他专家告诉他，如果不去医院治疗就会死，安迪这才同意进医院做手术：胆囊——他的袋子——随时有破裂的危险，会导致毒素涌出——就像他两年前画的维苏威火山熔浆——浸满他的身体。虚弱而苍白的安迪在"隧道"俱乐部做了最后一场时装表演（与迈尔斯·戴维斯一起），然后于1987年2月20日（星期五）住进了纽约州医院。他随身带了两本书：姬蒂·凯利（Kitty Kelley）所写的传记《弗兰克·西纳特拉》(*Frank Sinatra*)，和一卷让·科克托（Jean Cocteau）的日记。办理入院手续时，安迪起初想以"芭芭拉"为化名，但未被接受，最后他选择以"鲍勃·罗伯特"作为化名；安迪记得自己的医疗保险号码，虽然他在手术成功结束后（他的疝气也治好了，这是个额外的惊喜，他从此不再需要穿腹带了）忘记了自己家的电话号码。手术过程中他一直戴着假发，

护士周敏（Min Cho）负责看护安迪，她英语说得不好，而且也不知道她的病人是一位著名艺术家，但是她可能把更多的注意力放在了她正在阅读的《圣经》上。清晨时，周敏发现安迪有心脏骤停的症状，这可能是与恐惧有关的肾上腺素激增引起的。她叫来其他医护人员，在抢救了一小时之后，他们宣布安迪在早上 6 时 31 分死亡。他才五十八岁。据保罗·亚历山大的《死亡与灾难》（*Death and Disaster*）书中记载，这位护士清洁了安迪的尸体，洗去了血迹，然后"收拾了两垃圾袋污染过的东西"。

我很好奇安迪在生命的最后时刻想了些什么，说了些什么；没有人写下这些。去世前的那一晚，他给他的管家打了电话。他拒绝了那个枯燥无味的护士给他打针。再之后他关掉了病房内的电视。

葬礼于 1987 年 2 月 26 日在匹兹堡举行；他被安葬在圣约翰拜占庭（Saint John Baptist Byzantine）墓地，挨着母亲茱莉亚和父亲安德烈·沃霍拉。安迪的一位女性知己佩奇·鲍威尔（Paige Powell）向敞开的墓穴中投了一瓶香水（雅诗兰黛）和几册《采访》杂志。愚人节那天，一场纪念活动在纽约的圣·帕特里克大教堂举行。一位

钢琴家演奏了莫扎特《魔笛》(*Magic Flute*)中的一段——主教萨拉斯特罗(Sarastro)[①]的出场,这位主教懂得蕴含于对立中的统一。布里吉德·柏林则大声朗读了一段《智慧书》(*Book of Wisdom*)。

经过一番调查,纽约州卫生部认定安迪的术后照顾存在差错。他的财产受托方提起了一份不正常死亡诉讼;案子最终解决了,医院赔付他的财产受托方三百万美元。此后,身后各种冗长烦琐事宜开始了,像所有"波普盒子"一样,既丰富又无聊——核算、讨价还价、买进和卖出、成立管理机构。1988年4月23日至5月3日,苏富比举办了一场安迪藏品的拍卖会,收益25333368美元。1989年,纽约现代艺术博物馆——在安迪生前并不看好他——为他举办了一次回顾展。1994年,位于匹兹堡的安迪·沃霍尔博物馆开馆。到处都有安迪,安迪无所不在:批评界,博物馆界,艺术商界;安迪·沃霍尔视觉艺术基金会;安迪·沃霍尔电影公司;各种与安迪有关的小商品,T恤,基金。通过这些使者,"工厂"继续存在——由成千上万的信徒一起高唱着过时的《国际歌》,他们经

[①] 歌剧《魔笛》中的一个主要角色。

营、传布、修复、登记、阐释着安迪的百宝箱,并确保它继续结出种种出乎意料的果实。

就像超级巨星英格丽德一样,安迪消失了。某人走进他的身体,而他走出他的身体。他的去世——一种消失行为——公然藐视种种预言;他的去世留下了一个真空,或许我们无须再努力让其充实,而只需静静享受。他一直在践行"无意义化(祛魅)"的艺术("我明白他们中某人何时乐于见我走进门,因为,将会发生一些事情,他们迫不及待地等我去将之空洞化"):如今却是永远地走了,我们可以任意面对他身后留下的沉重的虚无。安迪有一种"冬天的心绪",他的银色假发也是属于冬天的,如同华莱士·史蒂文斯(Wallace Stevens)诗歌里的"雪人":"本身即无"(nothing himself),他"审视着／那不在场的无,和那在场的无"。[①]

说安迪死后没有留下什么,那是不对的。他留给这个世界的,是他自己那典型化的一生,富于喜剧性、英雄气的行为和做派;他或许更愿意被称为女英雄,但是他

[①] 出自华莱士·史蒂文斯的诗歌《雪人》(*The Snow Man*)。华莱士·史蒂文斯是活跃于20世纪初的美国现代诗人,深受中国禅文化和道家思想的影响。此处参考王佐良译本。

较少有露易斯·莱恩（Lois Lane）那样的爱慕情怀，而较多超人的气质，将他怪异的、格格不入的自我转变成衣冠楚楚的都市人形象。正如安迪因古怪的语言风格和艺术作品而出名，他以一个形式主义者、一个抽象的思想者的形象站立在我们面前，革新了我们看待观念、命名、种属和分类的方式。他是一个组织化的人：对有机体、原创性、器官，以及心灵如何组织认知和记忆，都很感兴趣。通过收藏与社交，通过客串一些愉快的演出，也通过创作大量的雕塑、绘画、版画、素描、电影、照片、视频、时间胶囊和著述，安迪将斑斓纷繁的世界组织、打包成便于理解的一个个"单元"，一个个模块化且可以被感知的容器：可以堆集、复制、计数，而且可以永存。总之，安迪是一个醉心于生产力的制造者：他永不停歇地创造，没有明显的自我意识或顾虑。伟大艺术的种子是冲动，而非约束。安迪希望艺术简易明了，如此他就可以更多、更快地创作。自在的生活，简易的艺术：他想给创造的车轮添加些润滑剂，让制造变得更好理解、更民主、更开放。这世上有太多的战争，太多的对抗；安迪的实践启示我们，艺术可以像一杯冰水——影片《我的小白脸》中爱德华·伍德所谓的"鸡尾水"——痛快直接，让

人平静，令人清醒。如果你有制作艺术品的能力，却不愿贡献给这世界，这不是英雄。安迪没有靳惜他的慷慨。他本可以真正地从绘画界抽身而去；他本可以解雇"工厂"的所有年轻人而关掉它；他本可以搬至一个热带海岛，雇些男孩陪伴他；又或聘些保镖，远离尘嚣，做个隐士。但是他没有这样做，反而留在了纽约，继续走在纽约的街头，继续工作。在那个艺术的卑劣行径大行其道的年代，当艺术家们以拒绝生产、借高姿态掩盖其创作的枯竭期，从而吝啬地对待后人时，安迪却抛开这些体统继续工作着。他是20世纪最高产的艺术家之一，一而再、再而三地推进艺术，不断努力工作（working），以拯救"工作"（work）——这是他最喜爱的一个范畴——并以一种无休无止的迂腐行为教导我们："赋形（具身化）"是项艰辛的劳动，没有时间留给爱。

后 记

我从没有见过安迪·沃霍尔，但是采访过与他有交集的许多人——他们或与他共事，或与他争斗，或为他作画，或出演过他的影片，又或与他一起参加过派对，给他拍照，给他提供材料，替他写文稿，又或与他一起购物，给他做模特，为他打灯光、做设计，为他整理录音，又或与他一起旅行过，和他上过床，还有做他替身的人，保护他的人，从旁观察他、分析他的人，甚至为他无私奉献的人。这些采访帮助我揭开了安迪个性中的许多秘密。即便我没有直接引用他们的话，他们的一些重要观点也融入并塑成了我的思想，因此我要对以下人物表达最诚挚的感谢。他们是：玛丽·布恩（Mary Boone）、兰迪·布尔沙伊特（Randy Bourscheidt）、斯蒂芬·布鲁斯（Stephen Bruce）、约翰·切恩（John Cheim）、鲍伯·科拉切洛（Bob Colacello）、罗尼·卡特龙（Ronnie

Cutrone）、罗纳德·费尔德曼（Ronald Feldman）、文森特·弗里蒙特（Vincent Fremont）、维托·贾洛（Vito Giallo）、约翰·焦尔诺（John Giorno）、内森·格卢克（Nathan Gluck）、萨姆·格林（Sam Green）、帕特·哈克特（Pat Hackett）、帕特·赫恩（Pat Hearn）、抹大拉·沃霍拉·胡佛（Madalen Warhola Hoover）、本杰明·刘（Benjamin Liu）、杰勒德·马兰加（Gerard Malanga）、克里斯托弗·马科斯（Christopher Makos）、泰勒·米德（Tayor Mead）、艾伦·密盖特（Allen Midgette）、西尔维娅·迈尔斯（Sylvia Miles）、保罗·莫里西（Paul Morrissey）、比利·内姆（Billy Name）、罗伯特·平卡斯-威腾（Robert Pincus-Witten）、斯图尔特·皮瓦尔（Stuart Pivar）、罗伯特·罗森鲍姆（Robert Rosenblum）、斯蒂芬·肖尔（Stephen Shore）、霍利·所罗门（Holly Solomon）、约翰·瓦洛维奇（John Wallowitch）。

与一些艺术批评家和博物馆研究人员的交谈，则有助于我理解安迪的作品。考利·安杰尔（Callie Angell），惠特尼美国艺术博物馆负责安迪·沃霍尔电影项目的助理研究员，阐明了安迪影片中一些我未曾注意到的层面。安迪·沃霍尔博物馆更是基本的资源：我在档案库中沉浸

数日,在保管员约翰·史密斯(John Smith)的协助下,仔细阅览了安迪的时间胶囊和一些文档;博物馆的主管托马斯·索科洛夫斯基(Tomas Sokolowski)为我解答了不少问题,并阅读了本书的初稿;博物馆的格拉林·赫胥黎(Geralyn Huxley)和格雷格·皮尔斯(Greg Pierce)为我放映了影片;马格丽·史密斯(Margery Smith)则为我讲解了安迪的绘画和素描作品。在安迪·沃霍尔视觉艺术基金会那里,萨莉·金–罗尼(Sally King-Nero)提供了线索和建议。纽约现代艺术博物馆的"电影研究项目"参与者——查尔斯·西尔弗(Charles Silver)、罗恩·马里奥西(Ron Magliosi)和约翰·哈里斯(John Harris)——允许我连续数小时观看安迪的影片。沃兹沃思艺术博物馆(Wadsworth Atheneum)的尼古拉斯·鲍姆(Nicholas Baume)邀请我做专题讲座,我们交流了对安迪的思考。皮特·哈雷(Peter Halley)提供了许多指导。列娃·沃尔夫(Reva Wolf)和我分享了她的想法和资料。史蒂文·沃森(Steven Watson)慷慨地贡献他的信息和洞见,支持我的研究计划。与布鲁斯·海因雷(Bruce Hainley)持续数年的交谈,对于本书的结构是至关重要的;他写安迪比我早,他的著作一直是我的榜样。

写这本书时，我恰好在纽约城市大学的研究生中心开设了一门关于安迪的专题研讨课。我从学生那里，以及他们所写的论文中，获得不少启发：在此感谢梅利莎·安德森（Melissa Anderson）关于"糖果宝贝"的文章，保罗·巴蒂亚托（Paul Battiato）关于茱莉亚的文章，珍妮弗·布朗（Jennifer Brown）论《孤独的牛仔》、德尔菲娜·丹尼尔斯（Delphine Daniels）论定制肖像的文章，珍妮弗·法雷尔（Jennifer Farrell）论自画像、贾森·弗兰克（Jason Frank）论摄影、蒂姆·赫克（Tim Heck）论躯干系列和性器官绘画的文章，以及阿基拉·洪果（Akira Hongo）论杜鲁门·卡波特的文章，克里斯蒂娜·皮基尼（Christine Pichini）论布里吉德·柏林的文章，迈克尔·安杰洛·塔塔（Michael Angelo Tata）讨论卢娜和迪恩的文章。此外，阅读尼尔·普林茨（Neil Printz）的博士论文《其他的声音，其他的房间：在安迪·沃霍尔和杜鲁门·卡波特之间》（*Other Voices, Other Rooms : Between Andy Warhol and Truman Capote*），也让我受益良多。

此书的写作、修改和出版过程中，得到了出色的编辑"三剑客"——詹姆斯·阿特拉斯（James Atlas）、杰西·科恩（Jesse Cohen）和卡罗琳·卡尔森（Carolyn

Carlson)——的热情帮助。当然，还有我的文字助理费思·哈姆林（Faith Hamlin）的协助。

对于传记者和批评家而言，安迪的著作是基本资源。其中尤有价值的包括：《安迪·沃霍尔日记》(*The Andy Warhol Diaries*, 1989)，帕特·哈克特编；《波普主义：沃霍尔的60年代》(*Poprism : The Warhol' 60s*, 1980)，与帕特合著[1]；《安迪·沃霍尔哲学（从A到B再返回）》[*The Philosophy of Andy Warhol（From A to B and Back Again）*, 1975][2]；以及《安迪之展》(*Andy Warhol's Exposures*, 1979)和《a》(*a: a novel*, 1968)。同样值得关注的还有：《安迪索引》(*Andy Warhol's Index*, 1967)，《美国》(*America*, 1985)，《安迪派对书》(*Andy Warhol's Party Book*, 1988)，后一本也是与帕特合著的。有些20世纪50年代的图册如今已有不同版本的再刊本发行，其中包括：与苏济·法兰克福（Suzy Frankfurt）合作完成的《野木莓》(*Wild Raspberries*, 1959)，与查尔斯·利桑

---

[1] 中译本为寇准禹译，河南大学出版社2014年版。
[2] 中译本为《安迪·沃霍尔的哲学：波普启示录》，卢慈颖译，广西师范大学出版社2008年版。

比（Charles Lisanby）合作完成的《25只名叫山姆的猫和一只蓝色小猫》（*25 Cats Name Sam and One Blue Pussy*, 1955），以及《神圣猫咪，安迪母亲作》（*Holy Cats by Andy Warhol's Mother*, 1957）。

在资料方面，我主要依据了两种重要的安迪传记。这两种传记读来都畅快而有内涵，我这里特地向各位推荐：维克托·博克瑞斯（Victor Bockris）的《沃霍尔》（*Warhol*, 1989；最好读1997年Da Capo重印的英文版）和戴维·鲍登（David Bourdon）的《沃霍尔》（*Warhol*, 1989）。此外，还有弗雷德·劳伦斯·吉莱斯（Fred Laurence Guiles）的《舞会上的孤独者：安迪·沃霍尔的人生》（*Loner at the Ball: The Life of Andy Warhol*, 1989），此书蕴含许多耐人寻味的细节。保罗·亚历山大（Paul Alexander）的《死亡和灾难：沃霍尔帝国的兴起与安迪百万财产的争夺》（*Death and Disaster: The Rise of Warhol Empire and the Race for Andy's Millions*, 1994）一书，详叙了安迪的死亡；玛吉娅·克雷默（Margia Krammer）则在《安迪·沃霍尔等：联邦调查局的安迪·沃霍尔卷宗》（*Andy Warhol et al: The FBI File on Andy Warhol*, 1988）一书里，补充了一些离奇的、耸人听闻的细枝末节。

一些关于安迪的最激动人心的信息,来自他本人的访谈,这些访谈散见于各种报纸杂志中,尚未收集整理。较容易找到的是其同伴们的访谈。关键的纪录资料是帕特里克·史密斯(Patrick Smith)对安迪同伴的采访,收录在史密斯的两本书中,其一是《安迪·沃霍尔的艺术和电影》(*Andy Warhol's Art and Films*,1986);其二是《沃霍尔:关于艺术家沃霍尔的对话》(*Warhol: Conversations about the Artist*,1988)。对安迪20世纪60年代同伴们所做的揭秘类访谈,见于约翰·威尔科克(Jonh Wilcock)的 *The Autobiography and Sex Life of Andy Warhol* (1971)[①],及《安迪·沃霍尔:大卫·戴利的亚洲电视纪录片文字稿》(*Andy Warhol: Transcript of David Bailey's ATV Documentary*,1972)。另外一本饶有趣味的安迪友人访谈汇编,是约翰·奥康纳(John O'Connor)和本杰明·刘所编的《看不见的沃霍尔》(*Unseen Warhol*,1996)。吉恩·斯坦(Jean Stein)、乔治·普林顿(George Plimpton)的《伊迪:美国女孩》(*Edie: American Girl*,1982),尽管聚焦的是伊迪·塞奇维克的一生,但书里也包含许多有

---

① 中译本为《安迪·沃霍尔自传及其私生活》,宋玲、黄雅琴译,上海译文出版社2014年版。

关沃霍尔举止和个性的有价值的访谈。

沃霍尔的"银色工厂",被许多摄影师用镜头记录了下来,他们的作品如今已结集成书。比利·内姆所拍的极为著名的照片,见《安迪·沃霍尔工厂的照片》(*Andy Warhol's Factory Photos*, 1996)和《明日之星:比利·内姆的安迪·沃霍尔工厂照片》(*All Tomorrow's Parties: Bill Name's Photographs of Andy Warhol's Factory*, 1997)。斯蒂芬·肖尔所拍的权威照片收录在《地下丝绒时代:沃霍尔工厂,1965—1967》(*The Velvet Years: Warhol's Factory*, 1965—1967, 1997),并配有琳内·蒂尔曼(Lynne Tillman)精炼的说明文字,以及对工厂常客的采访。还有一本值得寻找的罕见书,是1968年在斯德哥尔摩现代艺术博物馆举办的安迪回顾展的展览目录,《安迪·沃霍尔》(*Andy Warhol*);此书中收录了一些肖尔和内姆所拍的照片。纳特·芬克尔斯坦(Nat Finkelstein)则把他所拍的照片收集在《安迪·沃霍尔:工厂时代1964—1967》(*Andy Warhol: The Factory Years 1964—1967*, 1989)一书中。此外,克里斯托弗·马科斯在《沃霍尔:个人的图像记忆》(*Warhol: A Personal Photographic Memoir*, 1988)一书中也提供了鲜活的文字资料和照片。

记载安迪生活的一手材料极多，最好的莫过于鲍伯·科拉切洛的《淘气鬼：安迪·沃霍尔特写》(*Holy Terror: Andy Warhol Close Up*, 1990)。玛丽·沃若诺夫(Mary Woronov)的《偷泳：我在沃霍尔工厂的那些年》(*Swimming Underground: My Years in the Warhol Factory*, 1995)凝练而富于启发。约翰·焦尔诺的文集《化茧成蝶：文章新选》(*You've Got to Burn to Shine: New Selected Writings*, 1994)里，有一篇细腻的文章《安迪·沃霍尔的电影"沉睡"》("Andy Warhol's Movie 'Sleep'")。而"超级紫"著名的《出名15分钟：我和安迪·沃霍尔在一起的日子》(*Famous for 15 Minutes: My Years with Andy Warhol*, 1988)和霍利·伍德朗(Holly Woodlawn；与杰夫·科普兰合著)的《高跟鞋上的卑微生活：好莱坞故事》(*A Low Life in High Heels: The Holly Woodlawn Story*, 1991)则富于娱乐性。维娃(Viva)的真人小说《巨星》(*Superstar*, 1970)弥散着愉悦的低级趣味。米歇尔·弗格森(Michael Ferguson)的《小乔：巨星——乔·达里桑德罗的电影》(*Little Joe: Superstar—The Films of Joe Dallesandro*, 1998)叙述详尽；同时，我也欣赏"糖果宝贝"的日记，其中的一部分收录在《为君而容》(*My Face for the Warhol to See*,

1997）中。另外，德布拉·米勒（Debra Miller）的《阴影之外：沃霍尔圈子里的艺术家，过去和现在》（*Out of the Shadow: Artists of the Warhol Circle, Then and Now*，1996）一书则我们了解安迪同伴们的作品提供了指南。

关于安迪的评论性研究非常多。在这方面，好的导读性质的著作有卡特·拉特克利夫（Carter Ratcliff）的《沃霍尔》（*Warhol*，1983）和阿兰·R.普瑞特（Alan R. Pratt）编纂的评论和论文荟萃——《沃霍尔批评》（*The Critical Response to Andy Warhol*，1997）。分析安迪影片的经典文本是斯蒂芬·科克（Stephen Koch）的《仰望星空的人：安迪·沃霍尔的人生、世界和电影》（*Stargazer: The Life, World & Films of Andy Warhol*，1973；修订版1991）；尽管此书的论述并不总是那么精确，但文笔相当漂亮——对研究安迪影片有深刻而持久的影响。早期出色的专著有约翰·科普兰斯（John Coplans）的《安迪·沃霍尔》（*Andy Warhol*，1970）。另一本有价值的专著，雷内·克罗恩（Rainer Crone）的《安迪·沃霍尔：早期作品1942—1962》（*Andy Warhol: The Early Work* 1942—1962，1987），收录了让人惊叹的图书复本（包括《金书》（*A Golden Book*）和《在我花园的尽头》（*In the Bottom of My*

Garden)。此外,杰西·科恩布卢特(Jesse Kornbluth)的《前波普时代的沃霍尔》(Pre-Pop Warhol,1988)信息极丰富。较深入的分析性文章,收录在以下三种选集里:《谁是安迪·沃霍尔?》(Who Is Andy Warhol?,1997),科林(Colin MaCabe)、马克(Mark Francis)和皮特(Peter Wollen)选编;《安迪·沃霍尔的作品》(The Work of Andy Warhol,1989),盖瑞(Gary Garrels)选编;《安迪·沃霍尔电影工厂》(Andy Warhol Film Factory,1989),米歇尔(Michael O'Pray)选编。[米歇尔选本中有格雷琴1967年采访安迪的记录,以及乔纳斯(Jonas Makes)、罗纳德(Ronald Tavel)、帕克(Parker Tyler)和格利高里(Gregory Battcock)所写的重要论文]。近来有三本书为我们理解安迪的作品打开了新的维度:《波普而出:酷儿沃霍尔》(Pop Out: Queer Warhol,1996),珍妮弗(Jennifer Doyle)、乔纳森(Jonathan Flatley)和乔斯(Jose Esteban Munoz)编;《安迪·沃霍尔的宗教艺术》(The Religious Art of Andy Warhol,1998),简(Jane Daggett Dillenberge)著;《20世纪60年代的安迪·沃霍尔,诗,流言》(Andy Warhol, Poetry, and Gossip in the 1960s,1997),列娃·沃尔夫著,这本著作大胆解读了安迪的诗意联想作品,体现了

严谨的治学态度。早期有一本细腻的赏析性著作,是彼得·吉达尔(Peter Gidal)的《安迪·沃霍尔的电影和绘画:工厂年代》(*Andy Warhol Films and Paintings: The Factory Years*,1971)。诗人约翰·姚(John Yau)的《外表的王国:安迪·沃霍尔的艺术》(*In the Realm of Appearances: The Art of Andy Warhol*,1993),追求一种不同寻常的审视角度。对安迪艺术最有影响力的分析则见于阿瑟·丹托(Arthur C. Danto)的《超越布洛里盒子:后历史视角中的视觉艺术》(*Beyond the Brillo Box: The Visual Arts of in Post-Historical Perspective*,1992)和哈尔·福斯特(Hal Foster)的《现实归来》(*The Return of the Real*,1996)。(福斯特讨论了安迪的"伤痕现实主义")。解读安迪"同性恋"或"酷儿"身份的著作有两种:胡安·苏亚雷斯(Juan Suarez)的《骑车男孩,变装皇后,和超级明星:先锋派,大众文化和20世纪60年代地下影院中的同性恋人群》(*Bike Boys, Drag Queens, and Superstars: Avant-Garde, Mass Culture, and Gay Identities in the 1960s Underground Cinema*,1996);理查德·迈耶(Richard Meyer)的论文《沃霍尔的克隆》("Warhol's Clones"),刊登在《耶鲁批评》(*Yale Journal of Criticism*;1卷7期,1994年春)。

展览目录太多了。我参考了其中的一些:《沃霍尔之眼:魅力·风格·时尚》(*The Warhol Look: Glamour Style Fashion*)(安迪·沃霍尔博物馆),马克·弗朗西斯、玛格丽·金(Margery King)编,附有希尔顿·艾尔斯(Hilton Als)、查理·马丁(Richard Martin)、布鲁斯·海恩雷(Bruce Hainley)等人的论文;《安迪·沃霍尔:70年代和80年代肖像画》(*Andy Warhol: Portraits of the Seventies Eighties*, 1993),附有亨利·戈尔德扎勒(Henry Geldzahler)和罗伯特·罗森鲍姆的论文,以及文森特·费瑞蒙特的一篇回忆录;《安迪·沃霍尔博物馆藏目》(*The Andy Warhol Museum catalog*, 1994),里面包括一张安迪的音频CD,一份玛格丽·金编写的年谱;现代艺术博物馆的目录,基纳斯顿·麦克夏恩(Kynaston McShine)所编《安迪·沃霍尔:回顾展》(*Andy Warhol: A Retrospetive*, 1989);《安迪·沃霍尔印刷图画:目录》(*Andy Warhol Prints: A Catalogue Raisonné 1962—1987*, 1997,第三版),福瑞达·费尔德曼(Frayda Feldman)、乔治·舍尔曼(George Schellmann)编,费尔德曼(Feldman)、克劳迪娅·德芬迪(Claudia Defendi)修订;《安迪·沃霍尔电影(Ⅱ)》[*The Films of Andy Warhol*(*Part Ⅱ*), 1994],出自"安

迪·沃霍尔电影项目",考利·安吉尔撰文;《神秘之物:沃霍尔电影中的描写》(*Something Secret: Portraiture in Warhol's Films*, 1994),出自澳大利亚悉尼当代艺术博物馆,附有一篇安吉尔的文章。新出的两部豪华目录是《安迪·沃霍尔摄影》(*Andy Warhol Photography*),沃霍尔博物馆和汉堡艺术馆编;《纳达尔·沃霍尔:巴黎—纽约》(*Nadar Warhol: Paris New York*, 1999),盖蒂博物馆(Getty Museum)编,附有一篇朱迪思·凯勒(Judith Keller)的文章。具有划时代意义的一本目录是《扫荡冰箱 I(与安迪一道):罗德岛设计学院艺术博物馆库藏作品选展》[*Raid the Icebox I(with Andy Warhol): A Exhibition Selected from the Storage Vaults of the Museum of Art, Rhode Island School of Design*, 1969],附有大卫·鲍登的一篇文章。其他一些近来出版的分类展览目录,其中的图片和文章对我颇有启发:《安迪·沃霍尔裸体作品》(*Andy Warhol Nudes*, 1995),约翰·切恩编,附有一篇琳达·诺克林(Linda Nochlin)的文章;《关于脸:安迪·沃霍尔肖像画》(*About Face: Andy Warhol Portraits*, 1999),沃兹沃思艺术博物馆,附有尼古拉斯·鲍姆、道格拉斯·克莱普(Douglas Crimp)、理查德·迈耶的文章;《安迪·沃霍

尔电影：导读》(*The Films of Andy Warhol: An Introduction*, 1988)，惠特尼博物馆；《安迪·沃霍尔的录像和电视》(*Andy Warhol's Video and Television*, 1991)，惠特尼博物馆；《安迪·沃霍尔伪装》(*Andy Warhol Camouflage*, 1999)，拉里·高古轩画廊（Larry Gagosian Gallery），附有布伦达·理查森（Brenda Richardson）和鲍勃·科拉切洛的文章；《"成功就是在纽约有一份工作……"：安迪·沃霍尔的早期艺术和商业》(*"Success is a job i New York…": The Early Art and Business of Andy Warhol*, 1989)，格雷艺术画廊（Grey Art Gallery）和卡内基艺术博物馆（Carnegie Museum of Art），唐娜·M.迪沙佛（Donna M. DeSalvo）编，特雷弗·菲尔布拉泽（Trevor Fairbrother）、艾伦·勒普顿（Ellen Lupton）、J.阿博特·米勒（J. Abbott Miller）配文；《安迪·沃霍尔：菲利普头骨》(*Andy Warhol: Philip Skull*, 1999)，高古轩画廊，附有罗伯特·罗森鲍姆的一篇文章；《安迪·沃霍尔：死亡和灾难》(*Andy Warhol: Death and Disasters*, 1989)，梅尼埃收藏博物馆（Menil Collection），附有尼尔·普林茨的一篇文章；《安迪·沃霍尔：氧化画/小便画》(*Andy Warhol: Oxidation Paintings / Piss Paintings*, 1998)，慕尼黑的丹尼尔·布洛画廊（Galerie

Daniel Blau in Munich);《沃霍尔：阴影》(*Warhol: Shadows*, 1987)，梅尼尔收藏博物馆；《安迪·沃霍尔十字架》(*Andy Warhol Crosses*, 1999)，科隆博物馆，配有罗森布鲁姆和乔基姆（Joachim M. Plotzek）的文章；《安迪·沃霍尔照片》(*Andy Warhol Photographs*, 1986)，罗伯特·米勒画廊（Robert Miller Gallery），约翰·切恩（John Cheim）编，附有史蒂芬·科克（Stephen Kock）的一篇文章；《安迪·沃霍尔笔下的蛋》(*Eggs by Andy Warhol*, 1997)，科隆的雅布隆卡画廊（Jablonka Galerie, Cologne），罗森鲍姆和文森特·费瑞蒙特配文。这个书单还可以扩充，就像任何有关安迪·沃霍尔的书单一样。

企鹅人生
Penguin Lives

乔伊斯	[爱尔兰] 埃德娜·奥布赖恩 著
简·奥斯丁	[加] 卡罗尔·希尔兹 著
佛陀	[英] 凯伦·阿姆斯特朗 著
马塞尔·普鲁斯特	[美] 爱德蒙·怀特 著
伍尔夫	[英] 奈杰尔·尼科尔森 著
莫扎特	[美] 彼得·盖伊 著
安迪·沃霍尔	[美] 韦恩·克斯坦鲍姆 著
达·芬奇	[美] 舍温·努兰 著
猫王	[美] 鲍比·安·梅森 著
圣女贞德	[美] 玛丽·戈登 著
温斯顿·丘吉尔	[英] 约翰·基根 著
亚伯拉罕·林肯	[澳] 托马斯·基尼利 著
马丁·路德·金	[美] 马歇尔·弗拉迪 著
查尔斯·狄更斯	[美] 简·斯迈利 著
但丁	[美] R. W. B. 刘易斯 著
西蒙娜·韦伊	[美] 弗朗辛·杜·普莱西克斯·格雷 著
圣奥古斯丁	[美] 加里·威尔斯 著
拿破仑	[英] 保罗·约翰逊 著
朱莉娅·蔡尔德	[美] 劳拉·夏皮罗 著
弗兰克·劳埃德·赖特	[美] 阿达·路易丝·赫克斯塔布尔 著

Simplified Chinese Copyright © 2021 by SDX Joint Publishing Company. All Rights Reserved.

本作品中文简体版权由生活·读书·新知三联书店所有。
未经许可，不得翻印。

First published in the United States under the title ANDY WARHOL by Wayne Koestenbaum. Published by arrangement with Kenneth Lipper LLC and Viking, an imprint of Penguin Publishing Group, a division of Penguin Random House LLC. All rights reserved.

A Lipper / Penguin Book

"企鹅"及其相关标识是企鹅图书有限公司已经注册或尚未注册商标。
未经允许，不得擅用。
封底凡无企鹅防伪标识均属未经授权之非法版本。

图书在版编目（CIP）数据

安迪·沃霍尔／（美）韦恩·克斯坦鲍姆著；秦韵佳译．—北京：生活·读书·新知三联书店，2021.12
（企鹅人生）
ISBN 978-7-108-07293-1

Ⅰ．①安… Ⅱ．①韦…②秦… Ⅲ．①沃霍尔（Warhol, Andy 1928-1987）－传记 Ⅳ．① K837.125.72

中国版本图书馆 CIP 数据核字（2021）第 222601 号

特约编辑	毛文婷
责任编辑	卫　纯
装帧设计	蔡立国
版式设计	薛　宇
封面版画	袁亚威
责任印制	宋　家
出版发行	生活·讀書·新知 三联书店
	北京市东城区美术馆东街 22 号
邮　　编	100010
网　　址	www.sdxjpc.com
图　　字	01-2018-3047
经　　销	新华书店
印　　刷	河北松源印刷有限公司
版　　次	2021 年 12 月北京第 1 版
	2021 年 12 月北京第 1 次印刷
开　　本	787 毫米 ×1092 毫米 1/32　印张 9.75
字　　数	149 千字
印　　数	0,001-5,000 册
定　　价	49.00 元

印装查询：01064002715
邮购查询：01084010542

献给史蒂文·马切蒂

企鹅人生

PENGUIN LIVES

安迪·沃霍尔

[美]韦恩·克斯坦鲍姆 著

秦韵佳 译

Andy Warhol

生活·讀書·新知 三联书店